書山有路勤為徑
學海無涯苦作舟

書山有路勤為徑

學海無涯苦作舟

如何找份好工作

社會新鮮人
求職必讀

事求人；人求事。
這樣求職百發百中

應徵時的8大法則、60項細則
讓你在換工作、找工作、轉換跑道
求理想、求高薪、求發展
屢試屢中、順遂如意

胡剛 編著

序言——找份好工作不是難事

隨著企業用人制度的不斷改革和教育制度的不斷完善，求職不易的現象越發明顯了。許多求職者感嘆「求職難，難於上青天」，因此，想要找到一份適合自己的工作，必須做好克服困難的心理準備。

現在，不僅企業不再盲目迷信文憑、相信專業，求職者也可以按照個人意願選擇自己喜歡的行業，從事與個人興趣、專長相匹配的職位。在這種情況下，招聘與求職出現了一種新趨勢「自主擇業」與「雙向選擇」。企業在考察求職者的同時，也是接受求職者考察的一個過程。也就是說，招聘方與求職方選擇的空間更大了。可以說這是一件好事，但事情往往具有兩面性，有利必有弊，變革為招聘方、求職方創造廣闊空間的同時，也為求職者帶來了種種障礙。

面對這種激烈的競爭，一味的懼怕並不能解決問題，求職者應該坦然面對這一事實。雖說企業用人制度與教育制度的變革為求職者出了一道難題，但其中也蘊藏著許多機遇，一旦求職者能把握機遇，充分地展現自己，並透過努力在激烈的競爭中獲得一席之地，這不但說明求職者具備較強的適應能力，也是對個人能力的肯定，既然能在競爭對手中脫穎而出，就說明你是優秀的。

所以，求職者在看到壓力的同時，也應看到希望，正所謂「適者生存，優勝劣汰」。盡量適應當前的就業趨勢，不必責備客觀條件不理想，只需從自己身上找原因，不斷提高個人能力、修養及素質，以良好的心態看待求職問題，找工作便不再是難事。

怎樣才能使求職化難為易呢？

本書為求職者提供八大法則和六十條錦囊妙計。這八大法則是求職過程中需要掌握的要點內容，書中將逐一詳加說明，用簡潔的話語、生動的事例，揭開求職的神秘面紗，帶給讀者豁然開朗的感受。改變「求職難，難於上青天」的迷思。

目錄

法則2 展現自信，表現自我……71

有勇氣推銷自己。愛默生說：「自信是成功的首要秘訣，是贏得別人青睞的重要法寶。」現代職場中，人才自由競爭，這為有自信、有勇氣推銷自己的人創造了一個展現自我的舞台。在這個舞台上，求職者應該具有充足的信心與勇氣扮演好各種角色，使自己的才華得到淋漓盡致的展現。

每位求職者都希望找到一份適合自己、待遇優厚的工作。但是，有些事情往往無法稱心如意，不但沒找到理想的工作，有時還會遭受巨大的打擊，究其原因是多方面的。其中，不能凸顯個人優勢、展現特長，就是眾多原因中之一。

一位先哲說：「擁有一種積極進取的心態，勝過擁有一座金礦。」的確，好心態的價值是不能用金錢來衡量的。求職路上，打擊、挫折是不可避免的，倘若心態不良，又豈能成功就業？精明的求職者能夠住清這些，謹記「失敗是成功之母」的訓誡，能及時調整不良心態，寧可失敗也不失志。

法則5 人欲信辭欲巧，用話語打動主考官……157

「人欲信，辭欲巧」，把話說得更動聽，是一種本事。每位求職者都應該培養這方面的能力，力求在面試過程中，以動聽的語言觸動主考官的心弦，讓主考官留下深刻的印象，從而為贏得應聘職位，打下堅實的基礎。

法則6　累積經驗，憑能力站穩腳跟……181

一位哲人說：「職場猶如一條船，每個人都應做好掌舵的準備。」這裡所說的準備，是告訴人們要鍛鍊好個人能力。在工作中，要用能力參與激烈的職場競爭，要清楚，機會只青睞有準備的人。

法則7 掌握機會，關鍵時露出絕活……213

托爾斯泰有句至理名言：「沒有智慧的頭腦，就像沒有蠟燭的燈籠。」求職中的「障礙」很多，求職者要發揮自己的智慧，點亮心中的蠟燭，適時地展露自己的才能，為自己贏得主動權。

法則8 展現團隊精神，提高合作意識……251

某位哲學家說：「一滴水只有放進大海裡才永遠不會乾涸，一個人只有當他把自己和集體事業融合在一起時才能發揮最大力量。」由此可見，團結就是力量。當前，許多企業主管也提高了對團隊意識的重視程度，不但在員工內部提倡團隊精神，在徵才過程中，也將求職者的團隊意識列為一個考察的因素，求職者應多加注意。

法則1

精心準備，打造黃金第一印象

有句話說：「禮貌和禮節是一封通向四方的推薦信。」在人潮湧動、劇烈競爭的求職隊伍中，求職者只要拿著這封「推薦信」，未來的前途及命運便掌握在自己的手中。

電話禮儀——未見面前的第一關

現實生活中，電話已經成了現代通訊的主要工具，由於它傳遞資訊迅速、使用方便、效率高，因此被推廣到了各個領域。求職過程中，電話的作用不可小覷。如果不懂得電話禮儀，恐怕會貽笑大方，影響求職效果。

求職過程中，電話預約已經成了一種形式。每個人都可能與電話打交道，透過電話禮儀，可以評價一個人工作能力的強弱。所以，想要順利通過面試一關，掌握電話禮儀是十分必要的。

打電話的禮儀要求

求職的方法很多，有些人透過打電話的方式，向企業主詢問招聘情況，如果能懂得電話禮儀，將修養、內涵透過電話傳遞給招聘方，雖然尚未與招聘方見面，你的聲音與禮貌卻讓對方留下了深刻的印象。因此，打電話要注意以下幾個方面：

（Ⅰ）選擇恰當的時間

打電話的最佳時機是：上午八點到十一點，下午二點到五點，最好不要在最佳時機以外的時間打電話。否則，將會被視為一種不禮貌的行為，從而影響求職效果。

（Ⅱ）談吐禮貌很重要

電話求職過程中，語言是表情達意、傳遞資訊的載體，也是體現求職者的文化修養與素質的機會，因此，在打電話時，要特別注意使用禮貌性的語言。

與對方通話時，要彬彬有禮、熱誠大方。如不小心打錯電話，不要大呼小叫，發出刺耳的聲音，然後「啪」地一聲掛掉電話。正確的方法是，應該及時向對方真誠地道歉：「很不好意思，我打錯電話了，請別見怪。」然後，再掛掉電話，重新撥號。如果態度生硬，沒有禮貌地掛掉電話，對方會認為你沒有規矩，不懂禮儀。

（Ⅲ）致告別語

通話結束以後，告別語一般由對方先說，等對方掛掉電話以後，再將話筒放下，以免讓招聘方覺得你不懂禮儀。

（Ⅳ）調整語氣與情緒

打電話過程中，語氣、語調可以體現出人們細緻微妙的情感。語調過高，語氣過重，招聘方可能會誤認為你自高自大、目中無人，從而不把你列入重點考慮對象的行列當中；語調太輕，語氣太低，給別人的感覺是無精打采、懶散拖拉、求職態度不端正。因此，一般情況下，語氣適中，語調高低要以不影響別人為度，同時還要讓對方感受到你的真誠、自信與活力。

不要讓不良情緒影響你打電話的效果，打電話前應調整好情緒，切忌急躁、煩惱、不安，否則會影響對方的情緒，從而產生不良效果。

（Ⅴ）控制打電話的時間

招聘人員在工作時間一般都比較繁忙，打電話時，一定要在最短的時間內表達自己的求職意向。整個過程中要創造輕鬆、友善的談話氣氛，然後禮貌地結束。只要遵守這個原則，即使招聘人員再忙也很樂意接聽你的電話。

電話交談持續的時間以三－五分鐘為宜。如果你諮詢的事項比較多，需要的時間較長，應先徵詢招聘方的意見，確定對方是否方便接聽你的電話，如果對方同意與你交談，再步入正題，倘若對方有很重要的事情要做，無暇與你長談，還需長話短說。

（Ⅵ）打電話時要注意環境因素

嘈雜的環境不適合打電話。如果你與招聘方通話時，旁人的說笑聲、吃東西聲會傳入話筒，會影響傾聽效果，令招聘方產生不快。

電話洽談的正確方法

有些時候，求職者需要透過電話與企業主進行洽談，此時，應注意一些方法。

（Ⅰ）迅速步入正題

電話洽談中，任何人都不喜歡接聽又長又囉嗦的電話。所以，在洽談時，必須迅速地進入正題，以免使招聘方產生反感，從而影響求職效果。一般情況下，簡單地自我介紹後，就可以切入主題了。注意，自我介紹的時間不要過長，一般在十五秒內結束。

（Ⅱ）時刻掌握主動權

電話洽談最忌諱的是讓招聘方牽著鼻子走，這種形式很被動。要有隨機應變的能力，當事情的發展對自己不利時，應尋找恰當的理由掛斷電話，以免造成不必要的麻煩。

接電話的禮儀要求

當接到企業主的面試通知電話時，還需注意一些禮節，力求給企業主留下一個好印象。

（Ⅰ）電話鈴聲響過三聲以後，應立即拿起話筒，不要等電話鈴響過多次後，才慢騰騰地拿起電話筒。

（Ⅱ）電話機旁應準備一本筆記本和一支筆，方便記錄面試時間以及公司詳細位址，以免需要時才現場翻找，耽誤時間。

（Ⅲ）接聽電話時要口齒清晰，說話要簡潔明瞭，而且嘴裡不可含東西，也不可一邊接電話一邊吃東西或與身旁人談話，這是非常不禮貌的。談到人名、地名、數字或重要的句子時，應放慢速度。

（Ⅳ）接聽電話時，要專心傾聽對方的講話內容。不要一邊看電視、報紙、雜誌一邊接電話，這樣容易忽略或忘記對方所談的內容。當你再次詢問對方的講話內容時，對方會認為你有意怠慢他，從而讓對方留下不好的印象。

注意穿著，秀出禮儀

俗話說：「人靠衣裝，佛靠金裝。」求職面試過程中，得體的穿著會使人眼前一亮，同時，也能將個人氣質、涵養表現出來，留給主考官一個好印象。

對於穿著問題，不同性別，也有不同的禮儀規定：

男士面試穿著

男士的服飾應體現出穩重、專業、令人信賴的特點。一般多以西裝襯托男人的身分、地位。因此，面試時，西裝就成了男士最主要的選擇。

（一）穿西裝應有的儀表

第一，西裝不能打皺。

打皺的西裝會給人留下邋遢、精神不振的印象，求職面試中，一定要注意這一點。人們將「西裝革履」作為評價一個男人有無涵養、氣質的標準之一，同時，也將西裝定格為職業男士的正規服裝。就求職面試而言，身著西裝是既穩妥又安全的，不會因為穿著不當給主考官留下不良印象。

第二，選擇恰當的顏色。

挑選西裝時，顏色也是值得注意的一個因素。對於求職面試來說，最好挑選顏色較深的西裝，如灰色、深藍色、黑色都是理想的選擇，它可以把求職者的內在氣質，如穩重、可靠、忠誠、樸實、幹練等表現出來。

第三，西裝的顏色與體型要搭配。

西裝的顏色要與體型搭配，看起來才更得體。通常情況下，瘦人應選擇暖色調的西裝，如：米色、灰色，這樣看起來比較豐滿。瘦人如果選擇顏色較深的西裝，看起來會顯得更瘦弱，給人不舒服的感覺；身材較魁梧的人，應該選擇顏色較深的西裝，如：深藍色、黑色等，這樣看起來會顯得瘦一些。倘若選擇顏色較淺的西裝，就顯得有些不妥了。

第四，注意西裝樣式。

男人的西裝依釦式的排列，可分為單排釦樣式和雙排釦樣式。穿單排釦西裝，多為三件式，即配背心一件，但是近來背心已逐漸被淘汰，不穿背心的形式已相沿成習。坐下時，為求舒適，西裝釦可打開，但站起來或走路時，應釦上西裝的鈕釦。

至於穿雙排釦西裝，則不必穿背心，應釦上明釦及暗釦，這是尊重他人的表現。西裝給人穩重、信任、挺帥的感覺，但是剪裁須合身，熨燙平整筆挺，注意將西裝口袋的袋蓋放在外面，盡可能使西裝上下身同一色系，這樣較能凸顯紳士風度。

（二）選擇襯衫是關鍵

襯衫的選擇也是有講究的，最好不要穿短袖襯衫。面試時，最好穿白色或淡藍色襯衫，給人大方、得體的感覺。市場上有許多帶有圖案的襯衫，穿上這樣的襯衫可以表現出獨特的個性。但是，對於出席面試場合來說，有圖案的襯衫或許會為你的形象加分，也可能讓考官留下不成熟、不可靠的印象，為了保險起見，最好不穿印有圖案的襯衫。其實，選擇襯衫也和選西服一樣，不僅要考慮到顏色，還要考慮質料。

（三）把皮鞋擦乾淨

面試前應把皮鞋擦乾淨，繫帶皮鞋應注意把鞋帶繫緊。鬆開或未繫的鞋帶很可能將你絆倒，使你在主考官面前出洋相。在選擇皮鞋時還應注意與西裝的顏色搭配，以免出現不協調的現象。

（四）不能忽視襪子的選擇

有人認為：襪子穿在裡面不會有人注意，於是便隨意看待。這種想法是不正確的。選擇一雙不得體的襪子，也可能毀了個人形象。在選擇襪子時，最為重要的一點是，襪子的顏色應當和西服相配。通常應選藍、黑、深灰或深棕色，至於那些顏色比較鮮豔或比較個性的襪子，最好不要在面試時穿。還有一點值得注意，一定要保證襪子足夠長且有足夠的彈性，以免露出皮膚。

（五）男士穿著的禁忌

男士穿著與女士穿著比較起來，其講究要少一些，但也有所禁忌，主要包括以下幾點：

第一，忌西褲過短（西褲標準長度為褲長蓋住皮鞋）；

第二，忌襯衫放在西褲外；

第三，忌不釦襯衫釦；

第四，忌西服袖子長於襯衫袖子；

第五，忌西服的衣、褲口袋內鼓脹；

第六，忌領帶太短（一般長度應為領帶尖蓋住皮帶釦）；

第七，忌西服配便鞋（休閒鞋、球鞋、旅遊鞋、涼鞋等）。

女士面試穿著

（一）穿著的儀表

第一，簡單、大方。

女士面試時穿著應該以簡潔、大方為原則。套裝是最好的選擇，不過應該注意的是，套裝的裙子太長，則給人不夠俐落的感覺，太短則顯得過於輕佻，長短適中才是最理想的選擇。至於那些低胸、緊身等過於時髦的衣服，面試時最好不要穿，以免讓主考官留下不良印象。

在衣服質料的選擇上，應根據季節不同適當的做些調整。春秋季節可以選擇比較厚實的毛料或棉料，夏季可選擇真絲等輕薄的質料，在選擇這種質料的同時，還應注意衣服不宜太薄、透。否則會給人不穩重、不踏實的感覺。至於顏色的選擇，可以選擇一些比較活潑亮麗的顏色，這樣可以凸顯出個人氣質。不過，那些比較扎眼的顏色最好不要選。

第二，穿著要合身。

服裝的款式、大小應與身材相統一，只有穿著合身，才能凸顯女性特有的美感。如：身材嬌小的女性，穿著肥大、寬鬆的服裝勢必會有損形象，給考官留下邋遢的印象；相反，緊身的上衣和長褲則比較適合這種類型的女性；身材高大魁梧的女性，穿較為緊繃的衣服顯然不太合適，會使身材顯得更臃腫，這種類型的女性最適合穿大方得體、質地柔軟的衣服，當然不能過於寬大，否則會影響美觀，注意款式不能太複雜；身材矮胖的女性，不適合穿淺色衣服，否則會顯得更胖、更矮，最好選擇有深藍色條紋的深色衣服，這類服裝產生的收縮感能使人顯得苗條；身材瘦高的女性，穿淺色的服裝是最好的選擇。

身材決定服裝的款式和型號，同樣也決定服裝色調的選擇。一般來說，身材瘦小的女性，比較適合穿著明亮度較高、顏色較淺的服裝，這樣會使自己顯得高大豐滿。身材寬胖的女性，選擇深色的、明亮度較低的服裝最合適，這樣可以顯得苗條一些。

第三，顏色搭配要得當。

女士穿著搭配原則講究的是：上明下暗，上淺下深，如：乳黃色上衣配棕黃色褲子、白色皮鞋，這種搭配將端莊、穩重、高雅的氣質表現得淋漓盡致；兩種明亮度相差不多的色彩必須分開，以免出現搭配不當的現象，如奶黃與橙黃、綠與藍、綠與青紫、紅與橙黃等，這幾組顏色的服裝，搭配起來必須分開，否則會顯得特別刺眼，影響美觀。

（二）注意鞋子的選擇

選擇鞋子時，最基本的原則就是與服裝協調一致，無論是款式還是顏色都應保持統一。鞋跟較高、細，鞋面較長的鞋，不宜在面試場合穿，中跟鞋是最佳選擇，既能體現出職業女性的樸實，又安全可靠。一些比較新穎的靴子也能將女性的氣質、自信表現出來。值得注意的是：穿靴子面試時，裙子的下擺要長於靴端。

（三）不可忽視絲襪問題

絲襪對女性來說非常重要，相當於女性的第二層皮膚。面試過程中，不能忽略絲襪問題。選擇絲襪時，以膚色為最佳。為保險起見，面試時應準備一雙備用絲襪，以免絲襪破損後，不能及時補救。有些女性求職者往往不拘小節，面試時不穿絲襪，這是非常不禮貌的。

面試裝飾禮儀

面試過程中，得體大方的外在修飾，可以為個人形象加分。無論男士還是女士，在注重穿著的同時，還應提升對外在裝飾的重視程度。美觀的裝飾不但可以表現出個人氣質、修養，也是對主考官尊敬的表現。

男士的裝飾禮儀與女性裝飾禮儀不同，以下分別加以說明：

男士裝飾禮儀

儘管男士裝飾的種類、樣式不是很多，只要注重一些裝飾禮儀，仍然可以將男人特有的氣質展現出來。

男人的裝飾變化不大，為了彌補缺憾，不妨注重一些禮儀規範，尤其是在參加面試時，按照裝飾禮儀打扮自己，可以給主考官留下深刻的印象。

（一）領帶繫出男人品味

領帶本身並不具備獨特的美感，它之所以能將最美的一面展現出來，是與其他服裝搭配之後的效果。繫領帶的人給他人的感覺是成熟穩重，使人產生信賴感。領帶代表了個性與品味，在選擇時，應注意領帶的色系和圖案的搭配，領帶和西裝最好選擇同色系，這樣才能給人協調一致的感覺。

一般說來，暖色系的領帶給人熱情、溫暖的感覺；冷色系的領帶能表現出莊嚴、冷靜的氣質；明亮色系的領帶顯得活潑有朝氣；暗色系的領帶會顯得嚴肅；黑色系的領帶則是在弔唁、慰問死者家屬或出席喪禮時才佩戴。

那麼，究竟哪種類型的領帶適合在面試時佩戴呢？

第一，斜條紋的領帶，給人正直、權威、穩重、理性的感覺，適合在面試場合佩戴。

第二，方格子和點狀的領帶，可給人中規中矩、按部就班的印象，同樣適合在面試場合佩戴。

在面試場合佩戴一些比較有個性的領帶，或許會為個人形象加分，但也不能排除產生其他不良影響的可能。所以，盡可能不要佩戴這樣的領帶出席面試場合，以免引起不必要的麻煩。

戴領帶時有幾個事項，須多加留意才不會失禮：

第一，打好領帶後，將領帶一端小劍帶穿過大劍帶背後的布釦，一方面可防止領帶分離移動，另外也可增加領帶的美感。

第二，太長的領帶在穿戴好後，不可將領帶末端塞入褲帶，這是極不雅觀的做法，同時也使領帶喪失了原有的魅力。

第三，戴好領帶後，請檢查衣領後的領帶是否露出或有歪斜現象，如有，不妨換條幅寬較窄的領帶。

第四，戴領帶須有正確的繫法，如果將領帶結拉得太低，則顯得既輕浮，又不雅觀，還會破壞領帶的作用。

領結和領巾對男士來說也是一種很好的裝飾，不過這種裝飾不適合應用在面試場合。

（二）其他裝飾

男人的裝飾品除領帶、領結、領巾外，還有眼鏡、筆、袖釦、手錶、結婚戒指、皮帶等，選擇這些裝飾品時，要盡可能選擇同一色系，以展現個人品味。也有人喜歡戴上社團徽章，給人歸屬感，希望被尊重、肯定和認同。此類徽章適合在特定團體的聚會或是展現自己興趣和身分的場合佩戴。

裝飾品的佩戴要講究禮儀，胡亂佩戴裝飾，不但不能提升自身品味，還可能產生負面影響，給別人留下邋遢、不協調的印象。

女士裝飾禮儀

女士的裝飾很多，但面試時，應當以簡單大方為主，千萬不要過於累贅，以免給主考官留下浮華、不穩重的印象。

背包

攜帶背包時，只需一個即可，過多會顯得有些累贅。在多數面試場合，攜帶公事包比較正式一些，更能顯示出專業性。背包或公事包不宜裝過多東西，將面試必需品放入包內既可，以免給人臃腫、邋遢的印象。選擇背包時，還應考慮到身高因素，個子較小的人，應該選擇比較小的包，這樣會顯得非常協調，否則，會影響美觀。

耳環

佩戴耳環時，要注意臉型。圓形臉的人適合長垂型耳環，長形臉的人適合夾式耳環，四方形臉的人最好選擇環型耳環，三角、菱形臉的人，也可以選擇墜子比較長的耳環。不過，無論佩戴哪種類型的耳環都應本著典雅、大方、簡單的原則。

胸針

佩戴胸針要根據季節的不同更換。夏季，輕巧的胸針是最好的選擇，因為夏季的服裝比較輕薄、柔軟，如果佩戴比較沉重的胸針，會毀壞衣服；冬季，則與夏季相反，應佩戴較重、設計較精緻的胸針。在一些面試場合中，最好選擇莊重、素雅的胸針，這樣可以給人留下一種輕鬆、柔和的感覺。

項鍊

佩戴項鍊要根據脖子的長短而定，脖子長的人，可以選擇比較短的項鍊，否則脖子看起來更長；脖子短的人，可以選擇比較長的項鍊，應避免佩帶過短的項鍊，那樣會將脖子映襯得更短。面試時，應根據個人情況選擇一款簡單、大方的項鍊。

圍巾、絲巾

一條漂亮的圍巾有畫龍點睛的妙用。一些女士喜歡藍灰色服裝，但這種衣服的壞處是，將人的臉色映得非常暗，此時，如果能配上一條色彩濃郁、風格強烈的圍巾，就能彌補不足，而且散發出生機勃勃、與眾不同的氣質。對於喜歡穿藏青色職業套裝的女性，最好圍一條純白色的圍巾，這樣，女性的五官會顯得稜角分明，還能將矜持、大方的氣質表現得淋漓盡致，把敏捷、果斷的個性展現在主考官面前，為個人形象增添了不少色彩。還有些女性，比較喜歡穿銀灰色的職業套裝。銀灰色本身就是高雅大方的象徵，選擇圍巾時就該謹慎了，選好了會為個人形象添彩，選不好會顯得呆板平淡。總之，繫圍巾時要遵守匹配原則，即領巾或圍巾要與脖子相匹配，脖子短的人不適合繫圍巾或領巾。同時，搭配時還要考慮到衣服的款式與顏色，應盡量和服裝色彩協調。繫領巾時，最忌諱的就是同時佩戴多條，這樣會給人留下一種複雜、臃腫的感覺。

在選擇絲巾時，要注意與衣服顏色、款式搭配，這樣才能將絲巾飄逸清秀的特點表現出來，凸顯女性特有的魅力。

眼鏡

有些人很喜歡戴墨鏡，如果是去郊遊，戴上一款漂亮的墨鏡既可以增添魅力，還可保護眼睛。但是，如果是去面試，戴墨鏡就顯得非常不協調。如果想用眼鏡裝飾自己，可以根據個人臉型，選擇一款適合自己的眼鏡，式樣以簡單大方為宜。

化妝也是裝飾的一部分，化一點得體大方的淡妝，不但可以展現個人氣質，還可以給主考官留下端莊、穩重的印象。那麼，化什麼樣的妝，才適合出席面試場合呢？以下幾點可供女性作為參考：

嘴唇

一張富有潤澤感的嘴唇，可以顯現出女性的美麗氣質。要知道，嘴唇是臉部最富有色彩、最生動的地方。面試前，可以對它精雕細琢一番。不過，應注意一點，所選唇膏顏色不宜過於顯眼，例如：大紅、橙色等顏色都不適宜面試，年輕女性最好選擇紫紅色。唇線不宜畫得太深，否則會給人留下一種不自然的感覺。

眼睛

眼睛的作用不可小看，有句話說得好：「眼睛是靈魂之窗。」眼睛不但能表情達意，還能流露出個人的內心世界，所以，面試之前可以對眼睛稍加修飾。例如，可以描一描睫毛膏，使之更加嫵媚。值得注意的是，選擇眼影時，以淡色系為主，顏色不宜過濃，只要略加修飾即可。

鼻子

鼻子是臉部最容易出油的地方，面試前可在鼻樑上略施一些粉底，這樣可以防止鼻子發亮，影響整體形象。鼻毛過長者，在面試前應該加以處理，如果任鼻毛亂長，勢必會給人留下邋遢、不拘小節的不良印象。

香水

女性應有自己獨特的香味，這是彰顯柔性美的一種方式。所以，選擇一款適合自己的香水，對女性而言有著很重要的意義。當然，香水的選擇也要根據情況而定，出席不同場合，噴灑的香水類型也應不盡相同。參加面試時，香水味道不宜過濃，只要保持淡淡的清香就可以了。

整潔是最基本的要求

乾淨、整齊的外表在面試過程中會顯得有內涵、氣質。一個外表骯髒、邋遢的人，即使才高八斗、滿腹經綸，也沒有哪家公司願意接納，因為，這樣的人會影響公司的整體形象。所以，求職者在面試時，應該使自己保持一種乾淨、整潔的外在形象。

乾淨整潔的外表會給主考官留下良好的第一印象，是面試禮儀中最基本的要求，那麼，整潔的外表包括哪些方面呢？

（一）保持牙齒衛生

白淨的牙齒是外表整潔的第一表象，會讓人增添幾分意想不到的魅力。與主考官說話時，滿口黃牙自然會降低自信心，別人看在眼裡同樣會產生不舒服的感覺。不知詳情的人很可能認為你是個不重外表的粗人。

（二）注重手和指甲的清潔

手可以說是人的第二張臉，面試時，有時需要行握手禮。如果伸出一雙髒兮兮的手，主考官很可能對你產生討厭情緒，也可能會將主考官置於為難境地。與你握手吧，髒兮兮的手讓人看了生厭，不與你握手吧，一片盛情讓人難以推卻。所以，為了表現出對主考官的尊重，注重手的清潔衛生是十分必要的。

關於指甲，最具代表性的就是日本著名歌手濱崎步了，她每次化妝時僅在指甲上就要花費五個多小時，真是令人為之驚嘆。當然，這裡並不是要求每個人都要像她一樣，但是對指甲的清潔和修剪卻是萬萬不可馬虎的。因為，指甲的清潔與否直接反映出一個人的生活態度、對禮儀的重視程度。乾淨、漂亮的指甲，給人輕鬆、舒適的感受，可為面試創造一個更加寬廣的空間。否則，很可能影響彼此的往來。

（三）惱人的氣味不能有

口臭、腋臭、煙味、酒味、鞋臭味都是影響面試效果的因素，這些氣味都會使人看起來骯髒、邋遢，令人覺得不舒服。

第一，清除口臭。

口臭是破壞面試的一大禍害。沒有人願意與有口臭的人交談，尤其是近距離的交談。因此，在面試前，應多注意口腔衛生，乾淨清新的口氣可以增添人的自信心。

第二，腋臭影響個人形象。

腋臭又稱為狐臭，人體腋下有一種大汗腺，它除了排汗以外，還會排泄較多的代謝物，如脂酸、蛋白質等，這些物質在皮膚表面寄生菌的作用下，會發出難聞的氣味，尤其是在夏天，由於氣溫高，汗腺分泌旺盛，氣味就顯得更重了。有些人的大汗腺較多，又多分佈在腋下，於是就形成了腋臭，因此，這種異味會影響面試效果。

如果面試前不注意個人衛生，考官可能認為你不懂得禮儀，不講究衛生，因此，便破壞了自己的形象。

第三，煙味、酒味、鞋臭味。

相較而言，煙味、酒味和鞋臭味沒有口臭和腋臭那樣嚴重，但是同樣會影響個人形象與面試效果。

很多人喜歡抽煙、喝酒，其實這並不是好習慣，抽煙、喝酒不僅會加速皮膚的老化，使皮膚喪失原有的彈性和光澤，還會產生難聞的氣味，影響個人的形象。

因此，面試前一定要注意清除各種惱人的氣味。

看著考官的眼睛說話

尊重考官就等於為自己創造就業機會。注視考官的眼睛說話，不但可將尊重傳遞過去，還能捕獲到回饋資訊，然後對症下藥，做令考官欣賞的事，說使考官滿意的話。

事情總是在不斷地變化與發展著，工作也會出現變動，任何人都不能保證，第一次面試的公司，就是你一輩子要工作的地點。更換幾家公司，參加幾次面試是很正常的事情，因此，求職者會遇到脾氣個性、興趣愛好都不盡相同的考官。在沒有摸清主考官各方面資訊的前提下，最好用禮貌打動主考官的心，使他對你產生好感，而在眾多禮儀當中，首先應當注意的是注視著對方的眼睛說話。

很多求職者認為，與主考官交談時相互凝視，會產生緊張、不安的感覺，為了避免這種情況的發生，人們會有意無意地轉移注意力，將自己的視線遠離對方的眼睛。最明顯的例子就是，當求職者在介紹自己或回答問題時，將眼睛死死地盯著地板，或東張西望，目的只是為了避開主考官的目光，其實，這樣做只會分散自己的注意力。

其實，說話時若可以注視主考官的眼睛，就能將自信、真誠透過眼睛傳達給主考官，就會給對方留下深刻的印象。相反，如果與主考官說話時，眼睛四處游移，視線飄忽不定，對方會認為你缺乏自信，甚至誤認為你不尊重他，此時，你在他心目中的印象就會大打折扣。

為了表現自己，要養成注視對方眼睛說話的習慣，雖然會產生一些緊張、不安的感覺，但為了能給主考官留下一個好印象，還應盡力克服這種情緒。特別是在想表現自己時，更要注視主考官的眼睛說話，不但能為你增添自信，還可以幫助你觀察到主考官心理變化，趁機說出符合主考官喜好的話。有些求職者在與主考官說話時，習慣看著地板，這是信心不足的表現，這樣不但把自己懦弱的一面表現出來，還削弱了表現自己的效果。

精心製作一份簡歷

簡歷、面試、試用，簡稱為求職路上的三大關卩，簡歷是整個過程的第一關。簡歷做得好不好，直接影響著面試的成功率。一份合格的簡歷，應將個人的詳細情況表述出來，讓主考官在最短的時間內，全面瞭解求職者的各方面資訊。

精心製作一份得體的簡歷，是獲取面試機會的敲門磚。那麼，怎樣透過簡歷把個人特質充分體現出來呢？以下幾點內容可供參考：

通常情況下，簡歷主要包含三點內容：個人基本資訊、工作經歷、受教育情況等。

（Ⅰ）個人基本資訊

書寫個人基本資訊時，要盡可能詳細地介紹自己的情況。

（Ⅱ）工作經歷

工作經歷是整份簡歷的核心內容，招聘單位最為關注的就是這一點，所以，應該仔細斟酌。

（Ⅲ）教育經歷

書寫教育經歷時，應將自己在校期間獲得的獎勵、擔任的職務以及參加的社團等寫清楚。

書寫簡歷時，語言應力求言簡意賅，因為主考官每閱讀一份簡歷，大概只用短短幾秒鐘時間，太過冗長的簡歷，會引起主考官的厭煩。

在美國，書寫簡歷有三大禁忌：第一，簡歷內容不能超出一頁；第二，不把與工作無關的內容寫進簡歷。如：婚姻狀況、種族、家庭狀況等，以免影響面試的成功率；第三，簡歷上不涉及到薪水問題。求職者應該認清簡歷的主要用途，它只不過是引起招聘人員注意的一種方式，是爭取面試機會的一種手段。

書寫簡歷時，應該明確自己的位置，求職者是在一個競爭激烈的商業環境中爭取機會，所以，必須使自己適應這一環境，盡量用商業性語言書寫個人簡歷，這既可以為自己爭取就業機會，也是對企業主的尊重。尤其是敘述個人工作經歷以及所取得的成績時，更應如此。

有人可能會問：「究竟什麼樣的語言屬於商業語言呢？」簡單來講，就是用數字說明事實。在簡歷中，具體的數字愈多，愈能將個人具體情況講清楚，愈具有說服力，愈能強調個人實力，愈符合應徵崗位，愈符合招聘人員的口味。總之，用數字說明事實的好處很多。求職者在書寫簡歷時，不妨試用一下，但是，也不可以亂而不全。

簡歷中，最忌諱的就是那些「假、大、空」的語言，所謂「假」，是指內容與實際不符；

「大」是指出言狂妄、胡吹亂侃性語言；「空」是指口號性語言。

隨著時代的不斷演變，求職用語也在逐漸地翻新，以往那些謙虛、華美的詞藻，在當前已經逐漸被淘汰了。例如：「我對這份工作有信心」、「請給我一個學習的機會」、「請相信我的誠意」等，取而代之的是一些實際性語言，換種說法是，用實際經歷或成績說明自己的真正實力。相較之下，後者更能吸引招聘人員的注意。

社會逐漸進步，經濟日益騰飛，外資企業逐漸增多，外資企業在招聘人才時，看重的除了謙虛等傳統美德，還非常注重自信程度與創新能力。在求職過程中，求職者如果意識不到這一點，很可能遭遇打擊。

說話投其所好是投簡歷「每投必中」的訣竅。如果想把簡歷做得既符合招聘單位的胃口，又符合禮儀規範，就應該做到如下幾點：

（一）內容言簡意賅

由於求職競爭十分激烈，因此，通常情況下會出現一個崗位幾十個人爭奪的現象，招聘者除了要處理其他事務，還要耐心地看求職者的簡歷。在這種情況下，簡歷內容過於繁雜、冗長，很可能令招聘者感到厭煩。簡歷內容一般保持在一—二頁既可，內容過多只會給自己添麻煩。

（二）一字值千金

簡歷內容要力求簡單，這並不是說，在書寫簡歷時可省去某些重要內容。而是要用最簡練的語言，表達最多的資訊。簡歷內容雖短，但從每字、每句中都能推敲出許多內容，這確實是對求職者語言駕馭能力的一種考驗。一份理想的簡歷應該能在有效的時間與有限的空間裡，向招聘人員傳遞更多的資訊。想要做到這一點，最好的辦法是先對招聘單位進行實際調查，然後根據個人想應聘的職位，在簡歷中介紹個人的優勢或者意向。值得注意的是，簡歷中應盡量避免使用第一人稱，以免讓主考官產生不良想法。

（三）著重突出個人成績

前文已經說過，工作經驗以及個人取得的成績是一份簡歷中最為重要的部分。求職者在書寫簡歷時，應將一半精力用於個人經歷的書寫上。在書寫這一內容時，必須注意兩點：其一，語言不能模稜兩可、含糊不清，如果能量化個人成績，最好用數字加以說明，倘若不能，應盡可能使陳述語言文句通順、語意清晰。

其二，態度要端正，應確保所寫內容完全屬實，不能出現欺瞞現象，這對企業主來說，是極大的尊重，也是對自己負責的表現。

（四）注意簡歷中的細枝末節

文如其人，簡歷可以反映出求職者的多方面資訊，例如：工作態度、能力等。由此可見，簡歷已成了求職者的第二張臉，企業主通常以簡歷評價求職者的整體素質，並決定是否為其下發面試通知。那麼，一份比較理想的簡歷應該注意哪些細節呢？

第一，簡歷中不能出現錯別字，以免讓招聘者產生歧義。在寫完簡歷後，應反覆閱讀，找出語法及字句錯誤。這個環節看似簡單，卻是製作簡歷時不可缺少的一個步驟。

第二，乾淨整潔的簡歷是對招聘單位的一種尊重，也是展現個人形象的一個工具。招聘者看到這樣的簡歷時，會產生賞心悅目的感覺，從而對求職者加深印象。最理想的標準是上下留白一公分，左右留白一．二五公分。倘若把內容全部堆到一張頁面上，會令閱讀者產生壓迫感。倘若把內容佈滿整張紙，會令閱讀者產生分散、沒有重點的感覺。這兩種形式的簡歷都是不成熟的。

第三，由於製作簡歷的費用較高，許多求職者為了節省資金，採取複印的方法把簡歷備份，此時，應注意不要把簡歷弄得模糊不清或弄髒。

（五）簡歷內容要實事求是

簡歷是求職者的第二張「臉」，能反映出許多問題，不過，這是在實事求是的基礎上才能實現的。之所以這樣說，是因為許多求職者喜歡在簡歷上作文章，誇大自己的工作經歷、實務能力以及其他方面問題，因此給招聘者製造了一個假象。俗話說：「紙包不住火。」虛假的東西總是禁不起推敲，一旦在面試過程中「露了底」，將是一件有損形象的事。

在徵才博覽會上，人們經常可以看到五花八門的簡歷，其精美程度無法用言語表達。究竟精美的簡歷能否給招聘者留下深刻的印象呢？愛立信公司人力資源總監說：「我們經常碰到一本很厚的簡歷。一方面說明求職者的認真，但我們往往沒有時間來仔細看這樣厚如一本書的簡歷，我們希望看到的簡歷應當是言簡意賅，一般不要超過二頁紙。」由此看來，精美的簡歷不但不能吸引主考官的注意力，反而給看簡歷的人增加了許多負擔。

調查顯示：企業管理者一致認為樸實的簡歷更能吸引面試官的注意。

受就業市場競爭激烈的影響，求職者開始想盡辦法裝飾個人簡歷，因此就出現了「豪華簡歷」，有些人在簡歷上花了很大的本錢，不惜用高價做一份簡歷。為了能獲得更多的就業機會，有些人甚至花費上千元來製作簡歷，這種現象的出現又引起了攀比熱潮，這並不是一個好現象。在徵才博覽會上，對於幾百元一份的簡歷，招聘者早已不覺得新鮮了，但這並不能給求職者的形象加分。既浪費了金錢也沒有達到預期的效果。求職者往往忽略了一個事實：樸實的簡歷是誠實的象徵，主考官更偏愛誠實的應聘者。

企業在招聘人才時，是透過「簡歷」判斷一個人是不是人才，還是透過能力判斷一個人是不是人才呢？答案當然是後者。

企業招聘人才的目的是為了促進企業發展，為企業創造效益，而不是用來當花瓶。企業招聘者關心的是應聘者能不能滿足企業需求，並非簡歷做得多麼高級、花俏。

倘若簡歷中所涉及的資訊，與實際情況不吻合，即使再漂亮的簡歷也不能發揮任何積極作用，甚至會對你產生不良影響，招聘方會認為你華而不實，甚至認為你不夠成熟。所以，與其把過多精力浪費在簡歷上，還不如多花些時間充實自己的才能，力爭在才能上打敗競爭對手。

參加過應聘的人大都有這樣的經歷，主考官最喜歡問的問題就是：有沒有相關方面的工作經驗、學的是什麼專業等。其實，他們是希望從應聘者的回答中判斷出其能否勝任此項工作。

在面試之初，企業只有透過簡歷對應聘者有個大致的瞭解。所以，能否給主考官留下深刻的印象，簡歷寫得好壞具有決定性作用。

求職信是應聘者的第一分身

求職信是應聘者的第一分身，一封得體的求職信有時可以帶來一份令人滿意的工作。究竟什麼樣的求職信才能算得上是得體、合格的呢？其中最基本的一點就是：把話說到主考官的心坎上。

求職信對於語言的要求很嚴格，字裡行間應該流露出自己對某企業以及某一職位的極大熱忱。一封優秀的求職信，應該讓招聘方知道，你有信心把工作做好，你願意與公司內的同事合作，希望為了公司的長遠發展付出自己的聰明才智。當然，這只是求職信中的一部分內容，要讓求職信發揮出最大作用，還應注意以下幾點：

（一）言簡意賅、重點突出

書寫求職信時，語言是一大難關，既要做到言簡意賅，還應做到重點突出，這就要求求職者應該具備較強的文字功底。專業人事顧問提醒求職者們，在書寫求職信時，要注意兩點：

其一，最好不要使用累贅、華而不實、虛無誇大的詞語，否則，會影響閱讀者的情緒；其二，與應聘毫無關係的事不要寫，因為，招聘人員的精力與時間有限，他們沒有過多的時間去閱讀這些與應聘無關的東西。

求職信中，只要體現出求職者的想法以及特點就可以了，沒有必要用一堆華麗的詞藻炫耀自己的寫作水準。這樣不但不會引起主考官的讚許，說不定還會招致賣弄之嫌。要知道，求職信並不是展現文學才華的地方，採用平實、穩重的語氣書寫的求職信，更能體現出應聘者的大器與誠實。

有些求職者總感覺自己的文采非常出眾，便想趁機向企業主展現一番，於是就用一堆華麗時髦的詞藻堆砌了一封自認為不錯的求職信，結果卻造成適得其反的效果。還有些求職者比較含蓄，書寫求職信時，喜歡拐彎抹角地表達個人的想法，與其這麼做，還不如開門見山地把話說明白、講清楚。求職信不在於長，而在於精，應盡量避免那些客套話、浮詞，把核心內容用精練、明確的語言表達出來就可以了。這樣做，一方面可以凸顯出寫信者的文字功底，另一方面還可以給主考官帶來賞心悅目的感覺。

（二）避免錯別字及語法錯誤

求職信中出現錯別字、語法錯誤、語句不暢，不但是對閱讀者的不敬，而且可以反映出求職者的工作態度、水準等一系列問題。因此，書寫完求職信後，求職者應反覆斟酌，千萬不要出現錯別字、錯句及文理欠通順的現象，否則，很可能失去就業機會。值得注意的是，求職信上最好附上求職者的照片，目的是為了加深主考官對你的印象。

（三）把與眾不同的地方表現出來

眾所周知，廣告企畫的原則就是別具一格、立意新穎、凸顯宣傳事物的特色、引起他人共鳴等，寫求職信也應該像企畫一則廣告一樣，把個人與眾不同的地方凸顯出來。不要拘泥於通俗寫法，隨波逐流、人云亦云，應力求獨具特色，以獨特的語言及多元化的思維方式吸引主考官的注意。一封毫無特色的求職信，不管其語言多麼流暢，內容多麼充實，都無法被考官認同，這就失去了求職信的作用，時間和精力也就白白地浪費掉了。

（四）實事求是，擺正位置

由於市場經濟突飛猛進地發展，人才在某種程度上也被看成是一種「商品」，從市場的供需規律來看，當某一商品供過於求時，商品的價格自然會下降；當該產品在市場上出現供不應求的狀況時，商品價格上揚是必然趨勢。其實，人力市場同樣是遵循這個規律。當人力市場供過於求時，招聘單位提出的要求就高，這是可以被理解的。隨著高等教育的不斷普及，大學生愈來愈多，這必然會使人力市場競爭更加激烈。此時，求職者便認為沒有「要價」的資格，應適應市場的供需狀況，擺正自己的位置，盡量去適應市場的運行機制和競爭法則。當人力市場供不應求時，招聘單位勢必會降低要求，此時，求職者沒有必要抬高身價，本著實事求是的原則，把自己擺在最恰當的位置就可以了。

（五）避免使用第一人稱

在求職信中，經常可以發現這樣一些詞語：「我看」、「我想」、「我認為」、「我覺得」等，雖然不能說使用這樣的詞語不正確，至少在求職信中出現這樣的詞語，會顯得有些不妥，這容易給企業主留下目空一切、自高白大的印象，影響就業機會。

（六）注意稱呼用語的使用

書寫求職信時，一定要注意稱呼問題。收看求職信者，大多是公司內擁有錄用權的人，所以，稱呼一定要體現出尊重對方的口吻，而且稱呼是求職信的開頭部分，稱呼使用不當，會影響看信者的情緒，破壞繼續往下看的興致。所以，在書寫稱呼上千萬不可馬虎，要力求給看信者留下一個好印象。

怎樣書寫稱呼才是最恰當的呢？首先，可以稱呼看信者的頭銜，由於是首次交往，彼此沒有過多的接觸，甚至未曾謀面，所以，不知道看信者的姓名、性別是很正常的事，這時，稱呼其頭銜是再合適不過的了。其次，稱呼不能過於親暱，即使看信者與你有某種特殊關係，也不能使用過於親暱的稱呼，以免對看信者造成麻煩，或者體現不出正規與嚴肅的感覺。

寫求職信與和考官面談的區別在於，書寫求職信時，應聘者沒有心理壓力，少了幾分緊張，它不受時間和空間的限制，求職者可以大膽、自信地將要說的話寫在紙上；而與考官面談就不一樣了，求職者很可能陷入緊張狀態當中，在此情況下，就有可能會說錯話。

端莊的行為舉止為求職加分

求職面試過程中，行為舉止對求職者的影響很大，它關係到一個人的外在形象、品味、素質、修養，所以，在面試前一定要仔細研究一番。

在面試過程中，最常見的體態姿勢有站姿、坐姿、行走姿勢等。這是最基本的體態姿勢，具體的禮儀要求如下：

（一）站姿禮儀要求

站姿是人的靜態造型，是其他姿勢的基礎和起點。優美的站姿，能顯示個人的自信心，給他人留下美好的印象。

挺胸，雙肩稍向後放平；梗頸、收頦、抬頭；雙臂自然下垂置於身體兩側，或雙手體前相搭放於小腹位置。

男人站立時，雙腳可分開與肩同寬，雙手亦可在後腰處交叉搭放，以體現男性的陽剛之氣，其他部位要求不變。

女人最優美的站立姿態為身體微側，面向正前方，腳呈丁字狀，右（左）腳位於左（右）腳的中後部，其餘部位要求同上。這樣的站姿可顯出女性優美的體型和苗條的身材，同時也將女性的陰柔之美體現得淋漓盡致。

站立時要防止身體東倒西歪，重心不穩，更不得倚牆靠壁，表現出一副無精打采的樣子。另外，手不可扠在腰間或環抱在胸前，貌似盛氣凌人，令人難以接受。

（二）坐姿禮儀要求

與站立一樣，優雅的坐姿也能表現出個人的靜態美。正確坐姿的基本要領應為：上體直挺，勿彎腰駝背，不可前貼桌邊後靠椅背，上體與桌、椅均保持一拳左右的距離；雙膝併攏，不可兩腿分開；雙腳自然垂地，不可交叉伸向前方，或腿一前一後伸出，甚至呈內八字狀。雙手掌心向下相疊或相握，放於身體的一邊或膝蓋之上，頭、額、頸保持站立時的樣子不變。坐著談話時上半身與兩腿應同時轉向對方，雙目正視說話者。

男人就座時，雙腳可平踏於地，雙膝亦可略微分開，雙手可分置左右膝蓋之上。另外，還可雙腿交叉相疊而坐，但搭在上面的腿和腳不可向上蹺「二郎腿」。就座時下意識地隨意抖腿是不能登大雅之堂的。

女性就座時，雙腿併攏，斜放在身體一側，雙腳可稍有前後之差，若兩腿斜向左方，右腳放在左腳之後；若兩腿斜向右方，左腳放於右腳之後。這樣一來，可以體現出女性的嫻熟、優雅，給人舒服的感覺。

（三）步態禮儀

如果站姿和坐姿被稱作是人體靜態造型的話，那麼，步態則是人體的動態造型。步態，即行走的姿勢，它形成的是動態美。任何人都會走路，但是否能走出禮儀、走出風度、走出優雅，就要另當別論了。

古人云：「行如風」，要求人們走起路來像風一樣輕盈，正確的步態禮儀應該是：兩眼平視前方、抬頭挺胸、上半身挺直、收腹、直腰；身體重心落於兩腳的正中央，不可偏斜。邁步前行時，重心應從雙腳中間移到足前部；雙臂靠近身體隨步伐前後自然擺動；手指自然彎向身體。行走路線盡可能保持平直，步幅適中。

（四）其他姿態禮儀

低處拾物。當你欲拾掉落在地上或放在低處的物品時，最好走近物品，上半身挺直，單腿下蹲。這樣既可輕鬆自如地達到目的，又能展現優美的體態。那種直腿下腰翹臀或雙腿下蹲的姿勢都是不可取的。

上下樓梯。上樓或下樓時，上半身均應保持直挺，且靠右行，勿低頭；雙眼平視正前方。落腳要輕，重心一般位於前腳的腳掌處，以求平穩。

（五）應避免的行為舉止

在面試過程中，哪些行為舉止是應該避免的呢？

Ⅰ 面試過程中，應力求避免從身體內發出各種異常聲音，如：咳嗽、打噴嚏、打哈欠等，這些動作均應側身掩面為之。

Ⅱ 不得用手抓撓身體的任何部位。最好不要當著主考官的面抓耳搔腮、挖耳鼻、搓泥垢，也不可隨意剔牙、修剪指甲、梳理頭髮。若身體不適非做不可，則應去洗手間完成。

Ⅲ 面試時不可高聲談笑、大呼小叫，這是一種極不禮貌的行為，應避免。

Ⅳ 等待面試時，最好不要吃東西，更不要出於友好強迫在場的應聘者品嘗你的食物。

Ⅴ 對招聘公司的各項規則都應無條件地遵守與服從，這是最起碼的公德觀念。不隨地吐痰，不隨手亂扔煙蒂及其他廢物。非吐、非扔不可時，應將其投入垃圾箱。

Ⅵ 等待面試時，不要趴、坐在桌上，也不要在他人面前躺在沙發上。走路腳步要輕，不要發出噪音。

用好手勢禮儀

手勢是日常生活中常用的一種體態語言，在求職面試過程中，具有很大的作用。透過手勢可以判斷出主考官想要表達的意思，透過手勢還可以展現自己優美、高雅的氣質。不過，這些都要建立在正確使用手勢的基礎之上。求職者應掌握一些手勢禮儀，為順利通過面試保駕護航。

正確的手勢語言，可以發揮加強交流的作用。而錯誤的動作，不但產生不了交流作用，反而會顯得十分失禮，很容易引起主考官的誤解，影響個人形象。因此，在求職面試過程中，還應多加注意，以免影響面試效果。

手勢集形象、情意等多種表達功能為一體，在求職面試中被人們自覺或不自覺地使用，常見的手勢有如下幾種：

◎雙手自然攤開，這表明心情舒暢，無憂無慮，生活輕鬆自在；

◎將手捂在嘴前，說明對某件事情非常吃驚；

◎雙手托下顎，說明正處於深思當中，正在思考某個問題；
◎手撓後腦、抓耳垂，表明羞澀不堪或無可奈何；
◎手無目的地亂動，說明精神處於高度緊張狀態，已經達到了難以自控的地步；
◎不自覺地摸嘴巴、揉眼睛，表示在掩飾某些事情或是在撒謊；
◎時不時地咬手指或咬指甲，如果是成年人，說明對方心理承受能力不是很強，依賴心比較高，還有一種可能就是社會經驗太少，處世太淺；
◎雙手的指尖相對，支在胸前或下巴部位，這是自信的表現；
◎雙手扠腰或放在衣袋裡，與別人談話時，如果出現這種情況，說明他對你不屑一顧，沒有把你放在眼裡；

在眾多的手勢禮儀中，握手是最常用的手勢之一。熱情、得體、文雅的握手，在面試中可以給考官留下彬彬有禮的印象。在求職面試過程中，握手被認為是人類的「第二語言」，由此可見，握手在人們心中的地位有多麼重要。

握手除了代表問候、告辭、感謝外還表示祝賀之意，應聘者順利通過面試時，主考官會以握手的方式予以祝賀。

當與主考官握手時，應注意如下幾點：

首先，在對方沒有伸手的情況下，自己最好不要主動伸手，這是不禮貌的行為，等對方主動向你伸出手時，才能伸手去接握。

其次，當主考官向你伸手時，千萬不要表現出慵懶的模樣，而應快步上前雙手握住對方的手，而且面帶微笑，這是尊敬對方的表現。

再次，握手時，要大方得體，謙虛中帶著自信，不要因對方是主考官就過於謹慎，點頭哈腰、唯唯諾諾是不好的，主考官會對你產生負面看法，認為你是個沒有骨氣或逢迎拍馬的人。當然，握手時也不能昂首挺胸，身體略向前傾即可，否則主考官會認為你太過自大，對他不敬。

最後，握手時，雙手應保持清潔，與主考官握手時，雙手骯髒、手心潮濕都是不禮貌的。如果不方便與主考官握手，應該加以說明。

手勢是表情達意的輔助工具，還須與語言、表情配合使用，只有這樣才能發揮其作用。當然，也有一些特殊狀況，如聾啞人士只能透過手勢傳達訊息；交警透過手勢指揮交通等。求職者當然也可以透過手勢表現自己。

在面試過程中，如果想用手勢表情達意，必須掌握一定的技巧，要做到能使人看清、看懂，並能使考官根據你做出的手勢領會到你的真實想法。

求職經驗豐富的人，在面試場合中比較注重手勢禮儀，他們在與主考官交談時，會根據交談內容合理地運用手勢。為了加強自己的語氣，強調所談內容的重要性，他們往往會設計出幾種特定的手勢與語言、表情相配合，藉此來渲染自己的表達效果。這樣的人在與主考官交談過程中，能適當地控制自己的雙手，使其不會隨便亂動，只有在必要時，才發揮出手勢的作用，時刻保持一種文質彬彬的風度。

並不是每位求職者都能把手勢運用得恰到好處。有些人在面試時，做出的手勢非常不雅觀，譬如：高興時不由自主地邊講話邊打響指；被主考官問住時，抓耳撓腮；傾聽主考官講話時，抓這撓那；闡述個人觀點時，比手劃腳；表現自己時，一個手勢連續做多次，給人一種乏味、單調的感覺。以上幾種手勢都是不雅的動作，在面試中，應該避免。

面試過程中，使用手勢時應注意以下幾點：

◎ 簡單明瞭

手勢並不等同於語言，它是無聲的，不像語言那樣可以清清楚楚地表情達意，所以，在運用手勢時，不要過於複雜，這樣不利於他人的理解。簡單明瞭，清晰易懂，讓別人能很快領悟你的意思，並揣摩到你的真實想法就可以了。

◎ 擺動幅度適中

運用手勢時，要把握擺動幅度。幅度過大，主考官會誤認為你太過張揚、心境浮躁；幅度太小，主考官又會認為你過於謹慎。所以，要注意手勢的擺動幅度。

◎ 大方得體

手勢的選擇要與談話內容相一致，必須與談話者的身分及所在場合相符合，刻意模仿別人，會妨礙自己思想感情的表達，給人人云亦云的感覺。

◎ 入境隨俗

手勢雖然可以加強語氣，但不同的國家，由於歷史與文化習慣不一樣，同一種手勢在不同的地方，可能會有不同的含意，甚至有相反的意思。所以在使用手勢時，還應注意到這一點。

這裡簡單列舉幾個事例：

大拇指和食指構成一個圓圈，再伸出其他手指，在不同國家有不同的含義。在美國，它所表達的意義很多，如「同意、了不起、順利」；日本、緬甸、韓國則表示「金錢」，與日本、緬甸、朝鮮人談生意時，如果你做出這種手勢或點頭，對方就會認為你同意支付對方一筆金錢，而且是現金；這個手勢在地中海國家又有其獨特的意思，可以用來暗示一名男子是同性戀者；在希臘等國，這種手勢有侮辱他人的意思；在巴西，如果你對女性使用這種手勢，對方會認為你在勾引她，對她不尊重，而對男性使用，對方會認為你在侮辱他。如果不懂得入境隨俗，到這些外資企業面試時，如果使用這種手勢，勢必會引起對方不悅，最終的結果只會是失敗。

對於男人間牽手所表達的意思，美國人與阿拉伯人的看法完全不同，下面就是一個很好的例子：

在沙烏地阿拉伯，一個美國人參加完會談之後，在塵土飛揚的大街上行走，迎面而來的是一個阿拉伯人，手裡牽著一頭小毛驢，慢慢悠悠地走著。美國人覺得這一切都很新鮮，於是便止步觀看。正在這時，一個與他一起參加會談的阿拉伯人，向他走過來，並拉住了他的手，奇怪的是，阿拉伯人並沒有與美國人談話的意思，只是默默地拉著他的手。美國人頓時驚慌失措，因為在美國，男人與男人是不會牽手的，除同性戀者以外，而在阿拉伯地區，男人之間手拉手走路是親密友好的象徵。美國人之所以會產生惶恐，是因為不懂得阿拉伯人的習俗，如果因此而發生衝突，這豈不是十分遺憾的事？

求職者如果去阿拉伯人開的公司應聘，當考官熱情地拉住你的手時，千萬不要驚慌，這說明你給他留下了良好的印象，說不定能順利通過面試。倘若你去美國人的公司應聘時，如果主考官拉住你的手，就要謹慎了。

蹺起大拇指的手勢在不同國家也有不同的意思。英國人、澳洲人、紐西蘭人，只有在搭車時，才會使用這個手勢，他們把這一手勢當作搭車的信號，是善意的行為。將大拇指急遽向上蹺起，希臘人的意思是讓對方「滾蛋」；在我國，這種手勢是讚賞的意思。

由此看來，一種手勢在不同國家有多種不同的含義，如果不懂得入鄉隨俗，尊重他人的禮儀規範，勢必會出醜。

值得注意的是，無論在什麼情況下，只要是在面試場合中，最好不要用食指對別人指指點點。這是嚴重失禮的行為，別人會認為你沒有教養，不懂禮儀。尤其是對待女性主考官，更是不應該的。

將謝意表達出來

許多求職者在面試結束後，往往忽略了向主考官、企業主、接待者致謝這一重要環節，某些時候，這一細節也是導致求職失敗的原因。雖然說大丈夫不拘小節，但涉及到禮儀問題，就不能輕視了。

禮儀可視作一種美德，是評價一個人品格高低、修養深淺的重要依據之一。作為求職者，在面試過程中應該盡量把禮儀做得周到，以免招致不必要的麻煩，因此，適當地表達謝意也是面試中不可忽視的一個環節。

對於許多人來說，求職面試可以說是一件非常麻煩的事，因為其間包含了太多的禮儀要求，面試前講求禮儀，面試過程中少不了禮儀，就連面試結束時也要把禮儀做好。當今社會，職場競爭日益激烈，想要獲得一份理想的工作並不是一件容易的事，這就必須要求職者八仙過海，各顯神通了，不過神通再大也不能忽略了禮儀問題。

剛出校門的志家，與其他求職者一樣，在網路上投了大量的簡歷，皇天不負苦心人，幾天後一家外資公司通知他去面試。該公司的總經理是一位非常紳士的加拿大人，名叫愛德蒙。志家剛見到他時，就感到非常親切，緊繃的神經馬上放鬆下來。愛德蒙與志家交談了一段時間後，開心地遞給志家一張名片，志家見狀連忙站起身來，畢恭畢敬地接起了名片。此時，面試才剛剛開始，愛德蒙向志家提出了許多問題，志家從容地應答著，由於先前的放鬆，志家把該公司未來的發展方向分析得十分透徹，得體的言談，實事求是的分析、總結，毫無畏懼的神情，無不給愛德蒙留下了深刻的印象。

面試結束後，志家與其他求職者一樣，回家等待通知。等待的日子對求職者來說並不好過，每一分一秒都顯得那麼漫長。志家整天寸步不離地守在電話機旁，擔心錯過了電話通知。可是，事實似乎並不像他想像的那樣，兩個星期過去了，該企業仍然沒有打電話給他，志家知道這次面試又失敗了，儘管自己表現得很好，可是依然沒有得到企業主的認可。於是，他準備繼續找工作，他無聊地翻閱著報紙上的徵才廣告，尋找下一個面試機會，他翻閱了許多徵才資訊，都不太合自己興趣。這時，志家突然感覺先前的努力不能白費，他拿起紙筆，寫了一封感謝信給愛德蒙。並按照名片上的地址將信寄了出去。不料，信寄出的第四天，志家就接到了該公司的電話，通知他被錄用了。志家高興得幾乎跳了起來，沒想到一封感謝信竟然能發揮如此大的作用。

上班後，志家再次見到愛德蒙先生，他彬彬有禮地問：「您決定錄用我是因為那封感謝信嗎？」

愛德蒙笑著說：「是的，在我們國家有一個慣例：面試過後，要向招聘單位寫一封感謝信，雖然這並不能考驗一位求職者的能力，但至少可說明他是個有禮貌的人。這讓我有種被尊重的感覺。當然，這裡不是加拿大，但我想無論在哪個國度裡，都應該講究禮儀。所以，我希望用這種方式考驗一下求職者的素質。可惜，在七十多名求職者中，你是唯一一位給我寫感謝信的人，因此，我決定錄用你。」

面試是求職過程中一個重要的環節，是每位求職者都必須經歷的。在此過程中，無論你表現如何，都會給主考官留下一個印象，至於印象的好壞就另當別論了。倘若你表現得彬彬有禮、風度翩翩，主考官會對你加倍關注；倘若你傲慢無禮、狂妄自大、不拘小節，主考官會毫不猶豫的將你排除在考慮範圍內。想要提升就業成功率，給主考官留下良好的印象，除了要做一位知情懂禮的人，還要做一個有心人，在面試結束後，不要忘記向主考官表達謝意，不管透過什麼方式，只要有誠意，就會讓考官加深印象，成功機會自然會比其他人多一些。

向企業主或主考官表達謝意的方式有很多，如：寫一封誠懇的感謝信、打個表達謝意的電話、發一封電子郵件等，只要能將謝意傳遞給企業主或主考官就可以了。這樣做你不會有任何損失，說不定還能獲得意想不到的收穫。

求職者大多經歷過這樣的事情：面試結束時，企業主不直接告訴你是否被錄用，而是採取一種模糊性的語言，如：某某小姐或先生，對於你的個人情況我們公司還要進一步地考慮，如果有消息我們會及時通知你；有的企業也會告訴求職者：某某小姐（先生），我們公司在明日將舉行一次複試，請您按時參加等。

站在求職者的角度看，這種情況自然是令每一位求職者都感到為難的。求職者認為企業主在浪費自己的時間。可是，站在對方的角度看這個問題，企業主是想精益求精，選取更出色的人才。

理解企業主的苦心後，求職者還須以平常心對待這種情況，面試結束後，即使沒有得到確切的答覆，也要注重應有的禮儀，應該感謝企業主負責招聘的人在繁忙的工作中，抽出寶貴時間來接見你，並且表示期待再次與對方相見，表示出「期望成為該公司成員」的願望和為「能進該公司」而感到自豪等。

這樣一來，既與徵才企業的主管維持良好關係，又表現出自己的深明大義，給該單位負責招聘的人留下了良好的印象，企業主在繼續考慮人選時，可能會進一步把你作為重點考慮對象。

離開辦公室時，要適時地與主考官握手道別，然後將坐過的椅子擺放整齊，大大方方地離開。一定要注意，在經過前台時，還應向招待過你的工作人員道謝，說出「謝謝你，再見」之類的話。這樣一來，即使自己的實力沒有其他對手強，至少在為人處事上略勝他人一籌。

面試結束時的禮儀必不可少，即使你的實力不及別人，至少在禮儀上不能輸；即使你在面試過程中的表現沒有其他人好，至少在結束時給主考官留下一個好印象。

總之，不要忘了向接待過你的人表示感謝，這是最基本的禮儀。

法則2

展現自信，表現自我

有勇氣推銷自己。愛默生說：「自信是成功的首要秘訣，是贏得別人青睞的重要法寶。」現代職場中，人才自由競爭，這為有自信、有勇氣推銷自己的人創造了一個展現自我的舞台。在這個舞台上，求職者應該具有充足的信心與勇氣扮演好各種角色，使自己的才華得到淋漓盡致的展現。

找工作靠信念

成功與否往往取決於自己的信念，有些人求勝的信念不夠堅定，因此失去了一次次就業機會；有的人剛好相反，他們憑藉必勝的信念得到了許多就業機會，最後找到了適合自己的工作。

任何人都有信念，商人希望自己能夠在商場上一帆風順，賺更多的錢；職場中人希望自己能夠在事業上平步青雲；求職者希望自己能夠在求職生涯中一路坦途……由此看來，信念對於人的影響很大。

既然如此，為什麼有的人取得了成功，而有的人卻失敗了呢？成功者之所以稱之為成功者，原因之一是他具備了必勝的信念，正因為如此，他能夠充滿自信地挑戰困難；而失敗者之所以會失敗，是因為他的心中缺少確定因素，沒有必勝的雄心壯志。許多人求職失敗，是因為他們缺少必勝的雄心，所以才屢次受挫。因此，求職者應該具備必勝的信念。

盧民剛從故鄉來到台北發展後，對一切都感到非常新鮮，繁榮的景象激發了人們心中的夢想，快節奏的生活方式鼓舞著許多年輕人去追求。他暗自發誓一定要在這裡闖出一些名堂，不達目的絕不甘休。

然而，接下來的求職經歷卻使盧民剛開始懷疑自己信念的正確性。盧民剛想，憑藉自己的條件，找到一份適合自己的工作，應該不是多麼困難的事，可是為什麼先前的面試都以失敗告終呢？難道自己不適合在這行發展嗎？一連串的問題困擾著盧民剛，但他為了心中的夢想，一直沒有放棄繼續求職的信念。

一天，他帶著自己的履歷表、學歷證明等面試必備資料，來到一座氣派的辦公大樓。盧民剛暗暗給自己鼓勵，這次一定要成功。多次應徵失敗的打擊，不禁讓他產生了一絲膽怯，但他很快鎮定下來。他調整了一下自己的情緒，從容地走進了辦公室。

人事部李小姐粗略地看了一下他的履歷表後，面無表情地對他說：「你來得很湊巧，我們公司老闆剛好來到公司例行視察。」盧民剛一聽，又驚又喜，連忙對李小姐說：「我實在太幸運了，麻煩請代為傳達一聲。」於是，盧民剛整整衣服，竭力掩飾住自己緊張的情緒，然後彬彬有禮地敲開了總經理辦公室的門，打完招呼後，總經理示意他坐下，而自己卻又埋首於工作當中了。

為了打破沉寂的局面，盧民剛首先做了自我介紹：「您好，總經理，這是我的履歷表。」

對方只簡單說了一聲「知道了」，又繼續埋頭工作。此時，盧民剛感覺到這次面試可能又完了，接下來的十分鐘內，他回答老闆的提問時，表現得有些不自在。

不一會兒，老闆下了「逐客令」，盧民剛不甘心就這樣離開，他站起身來，語氣堅定地對老闆說：「我不想失敗，請相信我可以把工作做好，我不怕任何壓力，我能承受任各種困難，我有與公司共同發展的決心和意志，請相信我，我會努力為公司創造業績的……」總經理聽完盧民剛的話，慢慢地抬起頭來，用審視的目光上下打量著盧民剛，他發現，盧民剛的眼眶已漸漸泛紅，這說明他非常在意這份工作，而且為了心中的信念，他敢將自己的想法說出來。隨後，他對盧民剛說：「你的情況我已經大致瞭解了，感謝你來我們公司面試。再見！」

盧民剛的心情非常複雜，他不明白總經理最後幾句話的含義，也不清楚自己究竟有沒有機會進入這家公司，但他唯一清楚的是，絕不能就此放棄了自己的信念。

次日，盧民剛接到了該公司總經理的電話，對方邀請他到公司進行最後一次面試。經過一陣彼此寒暄過後，總經理便說：「你是一個勇敢的年輕人，我很欣賞你的勇氣和自信，我年輕時候，也像你這樣……」總經理為盧民剛講述了他年輕時的創業經歷，並鼓勵他努力工作，要為自己心中的信念一直奮鬥下去。

最後一次面試當然是成功的，盧民剛被錄取了。

信念是發揮主觀能動性的閘門，是啟動聰明才智的馬達，這個比喻很貼切。的確，想要找到理想的工作，就應該正確評價自己的長處，肯定自己的能力，樹立堅定的信念。有句成語叫「人貴有自知之明」，這個「明」表現為既可以看到自己的短處，也可以如實地分析自己的長處，這是樹立堅定信念的前提條件。

在求職道路上，每個人不一定總是一帆風順的，有時，免不了要承受各種困難的考驗。古語說得好：「艱難困苦，玉汝於成。」自古以來，人們就把吃苦耐勞看作是成才最基本的條件。

在求職過程中，求職者會碰到很多麻煩，具備必勝信念的人會勇敢地面對這一切，最終找到一片屬於自己的天空。反之，自認為是「醜小鴨」的人，由於悲觀失落，最後會被埋沒在求職的浪潮中。在曲折的求職道路上，只有樹立堅定的信念，才能在艱難跋涉中，披荊斬棘，摘到勝利的果實；遭遇困難時，才敢說一聲「Yes I con」，為自己鼓足勇氣、增強信心。

在成功求職者的詞典上，鐫刻著兩個字——必勝，因為他們具備必勝的信念，所以才能承受住各種考驗，才可以在競爭激烈的求職場中嶄露頭角。

適當抬高自己的身價

在就業市場裡，人才也是一種商品。所以，求職時不妨用自抬身價的方式來推銷自己，這既是對個人能力的肯定，也是一種自信的表現。

隨著社會的不斷發展，一個人一生只做一種工作、只在一個崗位上工作直到退休的情況逐漸減少了，許多情況下，人們會因種種原因而更換工作、更換職位。另外，很多人感覺如果在同一家公司做的時間長了，老闆就應該為自己加薪。

在這種情況下，如果你有了一定的能力，不妨適當地抬高自己的身價，這無論是對你日後的發展，還是目前地位的改變都有好處。

在市場經濟逐漸成熟的今天，人才也成了一種商品，也有了價錢。這話聽起來有些冷漠的味道，但卻是不爭的事實。

兩人同在一家公司，你的月薪十萬，他的月薪三萬，其他人可能會羨慕你，但這是你的身價，你有要求高薪的本錢。而且，在現實生活中，自抬身價的情況也愈來愈多，這也是很正常的現象。比如：演員拍戲要講片酬，主持人主持一檔節目，也要有主持費，職業球員打一場球，也有贏球獎金。

所以，在當代社會，「身價」已經不再是一個上不了檯面的話題了。平時的工作尚且如此，更不要說求職時了。

有人也許認為，找工作時，老闆肯定希望求職者對薪資的要求愈低愈好，這時如果對薪資的要求過高，豈不等於在虎口裡拔牙？老闆相信自己的能力嗎？他會聘用自己嗎？

或許，每位老闆都希望職員是義工，只做事不拿錢。但是，希望歸希望，現實歸現實。實際上每位職員都要吃飯、穿衣，甚至還要養活一家老小。所以，儘管人們也聽說過老闆剋扣員工薪水的事情，但這樣的老闆畢竟是少數，而且他們也很難做成大事。

既然求職者是靠個人能力領薪水，且工作就是為了賺錢，當然是賺得愈多愈好了。所以，自抬身價其實沒有什麼不正常的。這一點老闆也可以理解。

那麼，求職過程中，自抬身價會不會把老闆嚇跑了呢？當然，老闆是不會跑的，多數情況下，跑的可能是求職者。但是，一位有眼光的老闆是不會為了節省幾個錢，而把能幫自己賺大錢的人才放走，他要的是真正的人才，為了招賢納士，他會花重金招攬人才的。

試想，用低薪雇用幾個低能的員工，一年到頭不但做不成幾件「漂亮」的事，反而惹了許多禍，使公司蒙受損失，這樣的人即使對薪資要求再低，恐怕老闆也不願意用。而一位真正的人才，有可能年薪數十萬元，但他在一年內為老闆創造的利潤可能是幾百萬、幾千萬，甚至上億元，一位精明的老闆肯定會算這筆帳，否則他也不可能做大自己的事業。

所以，如果自己真有能力，在求職時，就可以自抬身價，這說明你對自己的能力有信心，能夠勝任應徵的職位。而且，有能力把它做好。這時候，即使老闆不會爽快地答應你，也會對你產生好印象。一旦給老闆留下了深刻的印象，你的機會就比別人多了幾分，獲得某個職位的可能性也就大了許多。

有一個年輕人到外地謀求發展，他身處異鄉，舉目無親。最初，他在一家公司廣告部當企畫，薪水低得可憐。等他對這項工作熟悉了之後，便跳槽到了另一家規模較大的廣告公司工作。他是個有心計的人，跳槽前他對這家公司進行了詳細調查，瞭解到新員工薪水待遇的具體數目。跟經理面談時，他開出的薪水要求比這家公司規定的數目高出了一倍多，而且，他表示說若低於這個數字，他不會來公司上班。理由是，他已經對應徵的崗位非常熟悉，且保證絕對可以做好這項工作。最後，這家公司按他提出的要求錄用了他。如今，他已成了這家公司的一名中階管理人員。

求職過程中，適當地抬高個人身價，是表現自我的一種外在形式。當然，這要建立在有實際工作能力的基礎之上，沒有能力談何表現，沒有表現又談何抬高身價呢？

有人認為：「過分地表現自己，會有狂妄之嫌，這並不能說明求職者具備自信的好品質，而是狂妄的另一種表現。」這種認知有些偏頗，不論是表現自己也好，還是過於自信也罷，必須是建立在能力的基礎之上。

在沒有能力的前提下，過於張揚地表現自己，既不能將自己的實際能力表現出來，也無法贏得考官的欣賞，這是一種十足的狂妄行為；倘若一個人有足夠的能力，也可以出色地做好本職工作，並且將自己的才華充分地展露在考官面前，既能說明你具備良好的心理素質，自信心很強，還能讓考官對你的表現拍手喝采，不會招致狂妄之嫌。因此，在抬高個人身價之前，首先要儲備個人能力，這樣才不至於使自己陷入尷尬境地。

大學生是求職場上的主角，在沒有十足把握之前，千萬不要擅自向考官吹噓個人能力有多強，或者故意抬高個人身價。試想：當一位剛出校門的大學生，向考官滔滔不絕地吹噓個人工作經驗是如何豐富、工作能力是如何強時，有多少人會相信他的話呢？也就是說，剛出校門的大學生，應該努力提高個人的綜合能力，積極地累積工作經驗。當個人能力達到一定水準、工作經驗比較豐富後，才能在以後的求職過程中，抬高個人身價。

信心比虛心更重要

某些時候，面試過程中的謙虛謹慎會被打上平庸無能的標記，特別是到外資企業面試，與其把謙虛謹慎的求職態度擺在考官面前，倒不如用信心予以取代，這樣反而能獲得比較理想的結果。

有句話說得好：「有信心就有一切。」它告訴人們，無論做什麼事情都要相信自己能做好。特別是在求職面試過程中，自信的重要性更不可小覷。

某廣告公司欲招聘一名文案企畫人員，當得知招聘消息後，艾靜便前往參加面試。面試過程中，主考官問她：「有相關工作經驗嗎？」

艾靜搖搖頭說：「沒有，在此之前我是一名新聞記者，對廣告企畫這一行業不是十分清楚。」

主考官繼續說：「我們的招聘要求是必須有兩年以上工作經驗，既然妳沒做過，我們將不考慮選擇妳，我們對此感到非常抱歉，希望日後能有合作的機會。」

艾靜聽到主考官的話，站起身來，禮貌地說了一聲：「再見。」當她走到門口時，突然轉過身，對主考官堅定地說：「我有信心能將這份工作做好，儘管我沒有工作經驗，但我有深厚的文字功底，雖然我從未涉及過廣告這一行業，但我相信自己的能力，我一定可以把工作做好，希望貴公司能給我一次機會。」

考官見艾靜如此堅決，便給她出了一個考題，讓她試做一份文案，艾靜接到任務後，將公司以前的成功案例借來細細揣摩，直到心中有數後才著手去做。為了設計出一份令考官滿意的企畫，艾靜費了不少心思，她一邊揣摩老闆的意圖，一邊激發大腦中的靈感細胞，力求把文案做得完美無缺。她希望藉由這份作品，能讓考官相信自己有能力擔任此項工作。次日，艾靜拿著完成的任務，來到主考官辦公室，非常自信地對考官說：「我相信自己能做好這份工作。」

主考官仔細地看完艾靜的企畫後，只更改了其中幾個字就將企畫案收了起來。他說：「我相信妳會成為一位非常優秀的文案企畫人員，恭喜妳被錄用了。」艾靜高興地握著考官的手，連說：「謝謝。」考官瞇起眼睛，笑呵呵地說：「怎麼能謝我呢？是妳的自信為妳贏得了機會，應該感謝『自信』才是啊！」說完，開懷大笑起來。

艾靜是個充滿自信、有衝勁的女孩，儘管她沒有做過廣告文案企畫工作，但她敢挑戰困難，她讓考官感受到了她的自信與勇敢，正因為這樣，艾靜得到了一份很好的工作。

生活中的各個方面都要求人們具有自信心，因為，如果一個人缺乏自信，就會錯過許多良機，很可能會在求職的浪潮中，失去了方向、迷失了自己。在找工作時，也可能因為承受不住打擊而改變求職的方向，隨便找份工作，從而結束自己的求職生涯，這是一種對個人前途不負責任的表現，也是一種懦弱的象徵。因此，求職過程中，求職者應振奮精神，遇到打擊與挫折時，不要沮喪、氣餒，要振作起來，鼓勵自己繼續前行。

巧妙自薦，創造機會

敢於向老闆自薦的求職者，才是出類拔萃的。如果不敢推銷自己，不懂得向老闆展現個人才能，老闆很難從眾多優秀的求職者中，很快地發現你。因此，求職者要效仿毛遂，敢於自薦。

自薦之前要先摸清主考官的底細，獲知對方的心理和要求，然後對症下藥，結合自己的實際能力、特點、愛好、資質等各方面的條件，滿足考官的要求。

尺有所短、寸有所長，每個人都有各自的優點，只是有些人能讓自己像金子一樣將光芒顯露出來，而有些人卻掩蓋了自己的光輝，不懂得展現，也就此失去了機會。有的求職者可能不大清楚自己的「亮點」究竟在何處，不必著急，不妨先從自己的學業成績或社會閱歷看起，一點一滴地去挖掘，就會找出別人不具備的特質。然後，再大膽的推銷自己。

不過，在自薦過程中還應掌握一些方法，這樣自薦才能取得預期效果。

（一）自薦要巧，懂得適當「包裝」

很多老闆都想少花錢，多做事。因此，大多數企業都希望招聘有工作經驗的求職者，這就省去了大量的培訓費用和培訓時間。這就要求求職者拋開含蓄謙和的求職姿態，學習西方國家的求職者，仔細包裝自己，大膽地向企業主自薦。否則，可能會被別人誤認為是才能平庸、膽小懦弱的無能之輩。

現代社會，「包裝」已不算是新名詞了，許多人都意識到了包裝的作用，心細的人都能發現，社會上有些人在名片上印了一大堆頭銜，暫且不論這些頭銜的真偽，至少說明了包裝的重要作用。求職者在求職過程中，也不妨先包裝一下自己，適當地抬高一下身價，在履歷上凸顯個人優勢，這對自薦有很大幫助。試想：一個沒有任何優勢的人，到某公司去自薦，雖然考官被你的自信與勇氣所打動，但考官不能在你那平凡、普通的履歷上，發現任何亮點，又怎麼能知道你能否勝任應徵職位呢？即使你的勇氣可嘉，但這並不能將其作為驗證個人能力的砝碼，一般招聘者不會拿公司的未來發展當賭注，聘用一名僅有勇氣，但是各方面能力都尚且不足的求職者。

不過，包裝要講求限度，不能與個人實際情況相差甚遠，更不能用一些虛無的東西渲染個人形象，凸顯個人能力。

（二）把才能展現出來

主考官偏愛那些有才能的求職者。自薦時，應該巧妙地將個人的才能展現出來。當考官問及你的個人專長及愛好時，可以借題發揮，把自己曾經取得的成績和經驗一併告訴考官聽。

如果主考官是個興趣廣泛的人，可以根據他的愛好，與其進行討論。不過，在討論過程中，最好不要和考官唱「反調」，盡量附和考官的話，當然，附和的同時，還應說出理由，以免造成溜鬚拍馬之嫌。

英明的考官不喜歡求職者一味地附和自己的觀點，求職者可以說出個人看法，愈是具有新意的想法，愈能展現個人才華，愈能吸引考官的注意，這就為成功面試增加了機會。

求職過程中，可謂「八仙過海，各顯神通」，每個人都有各自的優點和專長，倘若想表現個人才能，可以把以往的成績擺在考官面前；若想表現自己的口才，可以說些考官愛聽的話；倘若想展現個人形象氣質以及內涵，可以在服裝及禮儀上多費心。總之，不管採取什麼樣的辦法，應記住一個準則：把握好一個度。任何事情都要講究一個度，一旦過了頭，就會產生適得其反的效果。

（三）控制情緒，展現出高EQ

修養也是自薦成功的一個關鍵因素，求職者光有深厚的學識還不夠，還要具備較好的個人修養，這是在告訴求職者，要懂得控制自己的情緒。

有些求職者EQ不太好，面試過程中，遇到令人氣憤的事情時，激動的情緒便佔據了整個大腦，不滿情緒便馬上流露出來，這不但是對考官的不敬，也有損個人形象。要知道，許多事情單憑發怒是不能解決的，反而會愈來愈糟。

諸葛亮說過：「喜怒之事，不可妄行。先怒則必後悔，一朝之忿而亡其身。故君子威而不猛，忿而不怒，憂而不懼，悅而不喜。」喜不得忘形，悲能聲色恰當，怒不暴跳如雷，驚能鎮定自若，這是求職者應該具備的修養。

成功自薦還要講究出奇制勝，重點在於出奇，倘若能使考官產生耳目一新的感覺，自然會對你加深印象，這就達到了渲染個人形象的目的。

自薦成功的要點在於凸顯個性，正如穿衣戴帽一樣，別人講求平凡大眾，你卻強調個性突出；別人喜歡色彩暗淡，你卻追求鮮豔亮澤，這些與眾不同的表現，都能產生加強印象的效果，為自薦發會推波助瀾的作用。

將自卑感踩在腳下，將自信掛在臉上

「知人者智，自知者明。」只有清晰地瞭解個人的實力，才能在求職中充滿自信，避免產生自卑情緒。

有句話說：「天下無人不自卑。」無論聖人賢士、富豪王公，抑或貧衣寒士，販夫走卒，在潛意識裡大多都是充滿自卑感的。因此，一個人若想求職成功，就應該將自卑感踩在腳下，將自信掛在臉上，這樣才能承受住求職過程中的種種打擊。

一位叫凱薩琳的小姐，二十五歲，大學畢業，健康美麗，溫雅賢慧，家境富裕，服飾入時，打扮得體，人們都說她幾乎擁有幸福和成功的全部條件。可是她卻有一個缺陷——自卑。她不敢出門，更不敢拿著簡歷去找工作。

後來，凱薩琳去找心理醫生，醫生用精神分析療法追根究底，為她找出了自卑的根源，經過一段時間的治療，她漸漸地自信起來了，她卸下了心理負擔，開始嘗試著走出家門，重新開始新的生活。

後來，在求職過程中，她雖然遭遇過多次打擊與挫折，但是她記得心理醫生對她說過：想要找到一份好工作，就必須把自卑踩在腳下。因此，凱薩琳每參加一場面試，都會將自信表現在考官面前。就這樣，她終於如願以償，在一家頗具規模的公司裡找到了一份薪水豐厚的工作。

求職者自卑的表現形形色色，有的不敢與考官交談；有的不敢抬頭注視考官；有的不敢獨自去面試等。他們擔心遭到考官的譏笑，總以為其他求職者在各個方面都比自己強。他們看見的不是個人的優點，而是將自己的劣勢擺在心中首要的位置。因此，他們始終無法擺脫自卑感的束縛。

自卑的特點是感覺自己不如人，低人一等，輕視懷疑自己的能力。這對求職沒有半點好處，必須加以克服。克服自卑的方式有以下幾種：

(一) 提高自信

有的人把自卑心理看作是一種有弊無利的不治之症，因而感到悲觀絕望，自暴自棄。這是一種不正確的認知，它不僅不利於自卑者找回自信，反而會加重自卑心理。其實，比起狂妄自大的人來說，自卑者更加討人喜歡。因為，自卑的人都很謙虛，能體諒他人，不會與人爭名奪利，他們安分隨和，做事小心謹慎、穩妥周密，重感情、重友誼。自卑者應當充分利用這一有利優勢，提高自己的勇氣與信心。還應意識到，若能克服心理上的自卑障礙，找到一份滿意的工作將不成問題。

（二）正確地評價自己

在求職過程中，求職者不僅要看到自己的短處，也要客觀地認知自己的長處；既要看到自己的不如人之處，也要看到自己的過人之處。俗話說：「比上不足，比下有餘。」誰都有缺點和不足，只要能設法克服缺點，彌補不足，就能增強自信心，減輕心理壓力，扔掉包袱輕裝前進。

（三）正確地表現自己

自卑者不妨多做一些力所能及、較有把握大的事情，並竭盡全力爭取成功。成功後，適時鼓勵自己：「別人能做到的事，我一樣可以做到！」當面對某種困難，感到信心不足時，「豁出去」的自我暗示反倒能使人減緩心理壓力，從而充分地發揮個人潛能，最終獲得成功。

（四）以勤補拙彌補不足

為了克服自卑感，可以採取兩種積極的補償途徑：一是以勤補拙。知道自己在某些方面趕不上別人，就不要再背負思想包袱，應以最大的決心和頑強的毅力，勤奮努力，多下苦功。

二是揚長避短。將個人的優點展現在主考官面前，以優點來掩飾不足之處。

（五）要正確看待挫折

並不是每個人都能一帆風順，有時，遭受挫折和打擊在所難免，但每個人的承受能力不同。性格外向的人不會把打擊放在心上，而性格內向的人容易受挫折、打擊的影響，會產生消極情緒。因此，內向者應當注意，凡事不要期望過高，要善於自我滿足，知足常樂。在找工作問題上，目標不要定得太死、太高，不然就容易受挫。

總而言之，方法應盡量與眾不同，最主要的是要充分地表現自己，這樣才可以增強自己的自信心，才能以積極的態度面對求職。

誠實也是自信的表現

面試過程中，委曲求全的心態不能幫助自己取得成功，必要時應該說出自己的意見、想法，一味地順從主考官的意願，不但不會引起考官的注意，還可能被劃分到平庸之列。

有時候，考官在面試時故意展露一些過錯，其主要目的是考驗與測試求職者是否具備糾正考官錯誤的勇氣與水準。

一家電腦軟體發展公司招聘中階管理人員，本科畢業的翟強自認為招聘要求與個人條件相符，便打電話向人事部門諮詢招聘事宜，對方通知他於次日上午八點到公司面試。

面試當天，除翟強外還有八位求職者等待主考官的接待，令翟強吃驚的是，前來應聘的人中，除了他以外全部是碩士、博士，翟強頓時沒有了信心，但他又想：既然都來了，就姑且一試吧。

接待他們的是該公司總經理，總經理秘書給他們每人發張序列號，翟強被排在最後一位，這對翟強來說，顯然又是一個不利因素。但序號既然已經排定，只能耐心地等待了。

只見一號求職者滿懷信心地走進了辦公室，一會兒又垂頭喪氣地出來了，很明顯，這是面試失敗的表現。緊接著是第二、三、四……號，他們走出來時的神情與一號求職者大致相同，當第八號應聘者走進面試辦公室前，他對翟強說：「看來面試難度很高啊！」說完，他謹慎地走了進去。

二十分鐘過去了，八號應聘者出來便說：「總經理辦公室有一張空椅子，但他卻不讓我坐，太奇怪了，該輪到你了，祝你好運！」這時，總經理秘書叫翟強的序號，他整整儀容，從容地走進總經理辦公室。

進屋後，翟強恭恭敬敬地站在總經理面前，寒暄過後，翟強說：「我可以坐下來說話嗎？」

總經理微笑地說：「當然可以，請坐！」然後又繼續說道：「你是最後一名求職者，能夠與你們十個人見面，我感到非常高興，你前面的那九位應徵者，都可以稱得上是人才，我很欣賞他們。當然，你是這十人中學歷最高的一位，公司就需要像你們這樣的年輕人……」翟強被總經理的話弄得一頭霧水，明明只有九個人，他卻說成十個人，自己明明是大學畢業，他卻說成是研究所，這未免太荒謬了，一位堂堂的公司總經理，連這點事情都搞不清楚，怎麼能管理好這樣大的一家公司呢？

翟強微微一笑，對總經理說：「對不起，總經理先生，我想您的話需要作一些修改。首先，我並不是研究生，而是本科大學畢業生，先前幾位求職者才具備研究生學歷；其次，今天前來面試的只有九個人，而我是最後一個。」

這時，總經理微笑著對他說：「你是這九位求職者中最勇敢的一位，也是最獨特的一位，我代表公司其他人員，歡迎你加入我們的行列。」翟強高興地走到總經理面前，緊緊地握住了他的手。

實際上，許多求職者在面試時，會被自己所處的位置所限制，他們不敢直言說出自己的想法，他們擔心會惹考官生氣，於是使一味地充當聽眾，視考官的話為「聖旨」，沒有勇氣說出一個「不」字，而忍氣吞聲的結果卻是被淘汰。於是，便退縮下來，說命運是冷酷的，逐漸地成了膽小鬼，這實在是很令人遺憾的事。

一個有勇氣糾正主管錯誤的人，往往會令考官刮目相看。隨著時代的發展，企業的用人制度也逐漸發展成了民主制，企業主管鼓勵員工大膽地展現個人的主張與想法，更希望員工能發現主管決策中的錯誤，並及時予以指正。因此，許多公司在招聘過程中，主考官會以各種方法考驗求職者這方面的能力，這一點，求職者應多加注意。

不嘗試絕對沒機會

敢於冒險、敢於嘗試的人，一般是勇敢、自信的人。在千變萬化的求職過程中，畏首畏尾的求職者往往會錯失良機，成為職場中的淘汰者，而那些敢於嘗試的人，卻更容易獲得老闆們的青睞，贏得更多的就業機會。

求職過程中，許多人因遭受種種打擊而失去了信心，不敢繼續走下去。求職者應謹記一條求職規則：敢嘗試才有機會。無論遭受多大的打擊，都不能失去嘗試的勇氣。說不定，下一位成功的人便是你。

大學剛剛畢業的楊塵，對工作充滿了幻想，他興沖沖地抱著簡歷，去參加徵才博覽會。博覽會場上人如潮湧，每家企業的展台前都排滿了人，唯獨某機械公司的展台前一片冷清，無人問津，與會場氣氛形成了鮮明的對比。

楊塵對此非常好奇，為了探明虛實，他走到機械公司展台前一看才知道，該公司指明要招名校畢業生，而且要求三年以上銷售經驗。在這麼苛刻的條件下，出現無人問津的局面就可以理解了。

楊塵對這項工作非常感興趣，但是依自身條件來看，根本不可能獲得銷售代表這一職位。但不服輸的性格告訴他，一定要試一試，所以，他橫下心，鼓起勇氣走到了機械公司的展台前，負責招聘的主管面無表情地對他說：「看過我們的招聘要求嗎？」楊塵從容地點頭說：「看過了，遺憾的是我並不是貴公司所指定的名校畢業生，而且沒有工作經驗，只是一名剛剛畢業的普通大學生。」

主管上下打量了一下楊塵說：「既然知道自己的條件不夠還過來應聘？」楊塵微微一笑說：「就是因為沒有這方面的工作經驗我才前來應聘的，我很喜歡這份工作，而且希望您能給我一次表現的機會。」說到這裡，楊塵停了停，又繼續說：「如果一位各方面條件都符合要求的求職者，看到這樣的招聘資訊，肯定不會應聘業務代表，而是希望得到業務主管的位置。」

說罷，楊塵把帶來的簡歷放在主管面前，禮貌地鞠了一躬，轉身離開了。

對於這次面試，楊塵並沒有抱太大的希望，出乎意料的是，次日，楊塵竟然收到了該機械公司的錄取通知書。後來他才知道，原來公司特意設置那些苛刻的招聘條件，就是為了考驗應聘者是否具備挑戰自我的勇氣，是否具有敢於挑戰高難度工作的信心。當招聘主管對楊塵面試時，楊塵已經通過兩個難關。他把自信與勇氣全部表現出來了，因此贏得了主管的好評。由此看來，收到錄取通知書就理所當然了。

身為一名業務代表，每天都會與不同的人打交道，沒有嘗試的勇氣怎麼行。如果楊塵那天因個人條件與公司要求不符，放棄了嘗試機會，該公司的大門又豈會向他敞開？

敢於嘗試的人能引起他人的注意，可以讓主考官留下良好的印象。當然，嘗試並不等於炫耀，只有具備真「功夫」，才能讓人心服口服。

只有敢嘗試者，才有可能取得成功。嘗試是成功的前提條件，只有透過嘗試才能將個人的能力釋放出來，才能清楚地認清自己的價值，也唯有嘗試，才能感受到成功的喜悅。

法則3

凸顯特長，展現個人特質

每位求職者都希望找到一份適合自己、待遇優厚的工作。但是，有些事情往往無法稱心如意，不但沒找到理想的工作，有時還會遭受巨大的打擊，究其原因是多方面的。其中，不能凸顯個人優勢、展現特長，就是眾多原因中之一。

弄清楚自己想做什麼

人的一生中會遇到許多個「十字路口」，此時，如何選擇便成了關鍵因素。選擇對了，前途一片光明，反之，則可能為之付出沉重代價。建議求職者多花點時間，搞清楚自己想做什麼，這樣選擇起來才會輕鬆自如。

正所謂：「條條大路通羅馬。」的確，通往理想的道路有千萬條，在這種情況下，有些人仍然找不到自己要走的路，究其原因是沒有搞清楚自己想做什麼。

大學即將畢業的高川，和其他同學一樣費盡心思地準備簡歷，為了能找到令自己滿意的工作，高川也花了不少心血，他希望透過獨具特色的簡歷將自己順利地「推銷」出去。可是，當他寫到求職意向時，卻迷茫了，他不知道自己究竟能做些什麼。他嘗試著填了一項「房地產」，可是分析了當前形勢後，他又感覺做這一行比較困難，於是他放棄了這個念頭。經多方打聽後，他又覺得從事電子業比較好，於是，他又將這一想法寫在了求職意向裡，但是，考慮到自己的專業水準，他又打起了「退堂鼓」，他擔心自己無法勝任這樣的職位。就這樣，高川冥思苦想了好長一段時間，也沒有做出自己的選擇。要知道，沒有目標的發展就等於後退，沒有任何意義，也不可能獲得很大成就。

剛出校門的大學生由於沒有工作經驗，所以，他們的社會閱歷十分有限，再加上自己沒有選擇職業的經歷，想要一下子就把一輩子要從事的行業確定下來，的確是一件非常困難的事情。因此，便對許多行業充滿了好奇，對於每個行業都想嘗試一下。

但是，事事不可能盡如人意，雖然想嘗試各個行業，但又擔心將來如果發現自己不喜歡當前所從事的行業後，再想轉行就太遲了，於是，心裡便產生了許多矛盾。

任何人都希望走適合自身發展的道路，都想根據當前的形勢、個人的喜好來確定自己的未來。之所以這樣是因為：目前所學專業，不一定是自己擅長的，也不一定符合個人的興趣愛好。換個說法就是，目前所學的專業，是在高中時代就已經定下來的，在那個懵懵懂懂的時代怎麼能一下子就斷定自己未來的職業呢？當時填報志願時，往往處於被動地位，為了能上大學，就隨意地在表格上填寫一些科系，也不管是否符合自己的性向，只要能上大學就萬事OK了。等到上完大學後，人生觀、價值觀、認知能力等都會隨著社會的進步而改變，再回過頭來審視自己當初的選擇，心裡就會感到很後悔，此時，就應該轉變自己的人生目標。

看到房地產大亨們賺得大把鈔票，有的求職者便蠢蠢欲動，希望到房地產行業裡淘金；看到一些明星在娛樂界獲得了名譽、地位、金錢，有的人又會追趕潮流，使出渾身解數，希望到娛樂業走一遭。但現實是殘酷的，盲目選擇的後果就是被撞得「頭破血流」，不但沒有找到適合自己的位置，還受到了許多打擊，最後得出一個結論：自己喜歡的行業沒有能力去做，而自己目前所從事的行業卻是自己不喜歡的。在這種矛盾之中，又猶豫了，繼續站在求職道路上徘徊著。

其實，影響人們做出抉擇的不僅僅是以上這些原因，還有許多其他原因，例如：家庭原因、親人的渴望、同學的比較、自己的興趣愛好等。但不管什麼原因，求職者都應該本著對自己負責的態度，慎重地看待就業問題，為自己確定一個正確的人生目標，並為實現目標付出努力。

那麼，究竟怎樣才能選擇一份既適合自己又不會讓自己後悔的職業呢？以下三點可以作為參考：

（一）分析知識背景

人的一生是不斷學習的過程，但學習的方向卻不盡相同，有人喜歡軍事，有人喜歡政治，有人喜歡商業等，但可以肯定的是，對於自己喜歡的那一行業，儲存的知識可能會相對多一些，這就造成了儲存知識的側重點不同。所以，在就業過程中，可以根據自己在某一方面儲存知識的多寡來選擇適合自己的工作。

無論怎樣選擇，最好要與自己的知識背景相符或相近，那種不顧知識背景胡亂選擇職業的人，不僅是對自己未來前途不負責任，也是對企業主不負責任。例如，自己在工程設計方面具有豐富的知識，卻偏偏去廣告傳媒領域裡應聘工作，這種胡亂投簡歷的行為不僅浪費了許多時間，而且也錯過了許多機會。

（二）找到自己的興趣傾向

興趣是最好的老師，興趣會影響就業，因此，找工作時要按照自己的興趣、愛好選擇工作方向，要清楚地認知自己想做什麼，適合做什麼。這時，如果認為從事自己感興趣的工作能有所發展，不妨向著自己的興趣走去，說不定會取得很好的成績。

（三）確定將來希望進入的行業

確定自己希望進入的行業，這一點對於就業非常重要。沒有目的地亂投簡歷，投放出去的簡歷就如「石沉大海」一般。一般情況下，學習理工科的可以選擇技術服務、建築工程、機械電子、產品行銷等行業；學習文科類的則可以選擇到文化產業、廣告傳媒等領域找工作。

從事與自己專業相關的職業

現實生活中，許多人從事著與自己專業不相關的工作，不能說這樣的選擇沒有發展前景，但至少會掩蓋自己的一些鋒芒。不管所學專業是否符合個人的興趣愛好，多年的學習經驗勢必會累積一定的專業知識，這樣，工作起來會更駕輕就熟。

在就業過程中，許多人都喜歡按照自己的愛好行事，但所學專業未必在自己的興趣愛好範圍裡，這就導致了學非所用。更何況，自己感興趣的領域不一定是自己擅長的，對發揮個人所長沒有多大用處。

石磊是一家外資企業的銷售經理，在三年的工作當中，石磊付出了很大的努力。每當有人向他求取如何成功就業的「真經」時，他都會自豪地說：「我學的就是這個，從事的時間長了，必然會累積大量的經驗與客戶資源，而且這個行業的發展前景非常可觀，我從來沒有想過要改行。現在還有很多公司要挖我過去，他們看中的是我手裡的資源。資源就是本錢，是不能用金錢來衡量其價值的。」

有一次，在同學聚會上，同學們都用羨慕的口氣對石磊說：「還是你的運氣好！找了這麼一份好工作，真讓我們羨慕啊！」石磊笑著說：「不是我運氣好，是因為我從事了與專業相關的工作，所以自然會佔一定的優勢。你們不是運氣不好，而是學非所用，於是便把天然優勢給浪費了。」聽完石磊的話，同學們覺得有道理，都認為他具有遠見卓識。

多數人都希望找到一份好職業，希望選擇一個與所學相關的職位。但是，不能排除這樣一類人，他們不喜歡自己的專業，因此希望透過找工作來實現轉行的目的。於是，在找工作中就出現了這樣一種弊端，由於所任職位與自己的專業相差甚遠，所以，工作起來便感到力不從心，這就是「英雄無用武之地」的悲哀。

自己所學的專業對將來的發展有很大的影響，因此，從事與專業相符的工作會帶給自己非常多的發展機會，雖然在就業之前無法判斷哪個行業最適合自己，但是，從事與自己專業相關的工作至少是一個明智的選擇。

從企業上的角度來看，任何一位企業主都希望選擇本科專業人才，因為這樣的人比較容易進入工作狀態，即使進行培養，也無需花費太多的時間與精力；從求職者本身來看，從事與專業相符的工作更能凸顯個人優勢，因為，在未來的工作崗位上可以發揮自己所長，也可以加強、豐富自己的知識。

能在工作上做出成績、贏得老闆的賞識、獲得更多的發展機會是每位求職者的心願，大多數求職者都在苦苦地尋找實現自己夢想的方法，也為此付出了一些代價。其實，只要能發揮個人所長，並且不斷地豐富知識和累積經驗，遲早有一天會如願以償的。

就業過程中，許多人大嘆懷才不遇、世態炎涼。許多人明明具有豐富的專業知識，卻找不到一份滿意的工作。之所以會出現這種現象，可能是因為沒有找到符合個人專長的職業。例如：所學專業是電子工程，卻到一家文化企業求職，結果當然不能盡如人意。求職者在應聘過程中一定要注意這一點。

有的人厭惡自己所學的專業，即使是這樣，也不要輕易地放棄自己所學的專業，可以先找一份與自己專業知識相關的工作，然後在工作過程中尋找機會，並以此為跳板，改變自己未來的發展方向。以畢業後的第一份工作決定自己一生的想法也是不可取的。機會無處不在、無時不有，因此，先讓自己走進社會，累積一些工作經驗，同時，再冷靜地考慮未來的發展道路，也是一個明智的選擇。

個性也能成為求職中的優勢

個性決定成敗，這一說法的確有些道理。在就業這個浪潮中，具備良好的個性，確實可以將求職者的優勢提升到一個新層次，為成功就業增加新的優勢。

人的個性有些是先天形成的，有些卻是後天培養的。每個人生下來就有獨特的個性，隨著年齡的增長，個性也在逐步完善，這就成了日後就業時的一個決定性因素。或許有人認為區區一個個性問題，並不能說明什麼，也沒有想像中那般重要，殊不知，它完全可能影響到個人日後的工作與交際能力。

志強參加了一場大型公司的徵才博覽會，他過五關斬六將，終於獲得與主考官面談的機會，為此他深感機會來之不易。於是，他精心準備了一番，希望在眾多應聘者當中脫穎而出。面試時，志強把個人簡歷遞給主考官，並決定在面試時間裡，讓考官充分瞭解到自己的工作能力。否則，他擔心這次來之不易的機會將與自己擦肩而過，那麼前面的努力也就白費了。

幾天過去了，志強應聘的那家大型公司通知他被錄用了，而且讓他準備上班。志強高興得差點跳起來。上班以後他才知道，原來主考官看中了他那活潑、開朗、大方的個性，而這一性格很符合銷售代表這個職位。志強做夢也沒有想到，外向的個性幫了自己一個大忙。

當前，許多企業在為某一特定職務招聘人才時，除了要求應聘者具備紮實的專業知識外，還要具備一個符合該工作需求的個性，有些時候，個性比知識更重要，更能引起主考官的注意。例如：銷售行業要求應聘者具備外向開朗的個性，無論與任何人打交道都能從容應對。在銷售這個行業中，個性顯然比知識更重要；電話服務行業要求求職者具備溫和、友善的個性，不能動不動就與客戶發脾氣，否則會影響公司整體形象；對於設計這一行業，需要比較細心的人，因為，這樣的人喜歡精益求精，工作品質比較高。由此可見，個性在應聘過程中的作用有多麼重要。

事實上，人們在就業過程中，大多忽略了這一有利條件，而這恰恰是企業主比較關注的一項因素，所以，求職者在應聘過程中應盡量彰顯自己的獨特個性，以便在眾多應聘者中脫穎而出。

就企業看來，評價一個人是否能夠勝任某一職位，除了考察他的專業知識外，還要審視他是否具備良好的個性。在一些徵才廣告上，人們很容易發現這樣一些要求，如對工作認真負責、踏實穩重、具有吃苦耐勞的精神等，這些要求都是性格的側面反映，或者說是對品格方面的要求。

每個人都有自己獨特的個性，要清楚地瞭解自己到底屬於哪種個性，是沉著冷靜型，還是比較容易急躁型；是認真負責型，還是粗心大意型；是樂觀向上型，還是消極懈怠型；是謙虛謹慎型，還是狂妄自大型等，總之，不管屬於哪種類型都必須對自己的個性有個大致的瞭解，這樣對求職有百利而無一害。有些企業對個性要求非常高，如果不清楚自己是哪種個性的人，不瞭解自己是否符合企業要求就貿然前往面試，結果未必會如己所願。就算具有相當豐富的專業知識，個性與企業要求不相符，招聘者也不會將其列入首選行列。如果意識到自己的個性與企業要求相符，就不要隱藏自己獨特的個性，盡可能地將其表現出來，這樣會提高勝算率。

當然，任何事情都具有兩面性，個性也可能對人造成負面影響。古人云：「人之初，性本善。」但是，隨著社會的不斷發展，一些不良因素將影響人們平實、樸素的個性，如：自私自利、偏激執拗、狂妄自大、目中無人等，都屬於不良個性，都會影響就業。具有這些個性的人，即使專業水準再強、社會經驗再豐富，企業主也不會多加考慮的。因為，這樣的人不好管理也不好培養。每個單位都喜歡錄用德才兼備的人，但德才兼備者畢竟是少數，正所謂「人無完人」。如果將有才無德、有德無才、無才無德這三種類型的應聘者擺在招聘者面前，大多數招聘者會選擇有德無才者，試問，哪個單位願意聘用有才無德或無才無德的人呢？

職場中，經常能聽到某主管批評員工說：「年紀不大，毛病不小。」其言外之意就是指被批評者在個性方面有不被認同的地方。長此以往，就有危險了，好不容易應聘上的職位，試用期還沒過就被老闆「炒了魷魚」，由於個性問題而丟了飯碗，豈不得不償失？

在日常生活中，人們應該經常審視自己的個性，一旦發現有缺點與不足就應立刻採取措施加以補救，力求將自己的個性發揮出巨大的作用，以凸顯自己的優勢，千萬不要將個性當作就業過程中的一項負擔。

有人認為，個性如同習慣，一旦形成是很難改變的。的確如此，但是並不能說無法改變，只要有恆心，說不定不良個性也能變成亮點，成為求職的一個優勢。

某公司由於人事調動，需要招聘一位秘書長、一位內部管理人員、一位談判人員。公司登出招聘廣告後，面試者蜂擁而至。

第一輪筆試結束後，只有十位專業技能較強的求職者獲得了複試資格，於是，公司通知這十位求職者於第二天上午九點到公司進行複試。

第二天上午九點整，十位求職者如約而至。招聘者滿意地點點頭，準備進行下一輪選拔。主考官要求每人在兩分鐘內對所提出的問題做出回答。當第一名求職者進入考官辦公室時，主考官說：「把外套放好，在我面前坐下。」第一名應聘者感到詫異，因為他沒有在室內找到可以放外套的地方，也沒有找到任何一把椅子，除了主考官坐的那把椅子外。第一名求職者頓時慌了手腳，不知道該如何應對這樣的考驗。結果，他悻悻然地離開了。其他九名求職者所需回答的問題與第一名求職者的大致相同，只是作答方式不同而已。

複試的結果是：前兩名應聘者不知所措，灰頭土臉地離開了；第三、四、五名求職者做出了不得體的舉動，一個坐在地上，一個靠在牆上，還有一位把外套脫下後放在了主考官的桌子上；第六、七名求職者急得在原地打轉。

剩下的三位求職者卻做出了恰當的反應：

一位將外套脫下後，順手搭在右手臂上，略鞠一躬後，彬彬有禮地對考官說：「這裡沒有椅子，我可以站著回答您的問題嗎？」另一位求職者回答是：「這裡沒有椅子，就不用坐了，謝謝您的關心，我可以站著回答您的問題。」

最後一名求職者，聽到主考官的要求後，眼睛一眨，把等候時坐的椅子搬了進來，放在離考官一公尺遠處，然後脫下外套，折好放在椅背上，最後端正地坐在椅子上。兩分鐘的考試過後，他又將椅子放回原處，禮貌地說聲謝謝，然後把門關好，輕聲地離開了。

結果前七位求職者全部被淘汰了，而最後三位求職者中的一位獲得了秘書長的職位，一位坐上了管理者的位置，一位如願以償地成為該公司的談判人員。

從後三位求職者的行為表現可以反映出，第一位屬於照章辦事、對自己要求比較嚴格的人，但其創新、開拓能力較弱。他那彬彬有禮的態度較適合擔任秘書長的職務；第二位面試者具備良好的心理素質，將他培養成管理人才是非常正確的選擇；第三位面試者的頭腦比較靈活，面對突發的問題，他能沉得住氣，可以沉著冷靜地發揮聰明才智，解決實際問題。在商務談判上，選擇這樣的人再合適不過了。

求職面試過程中，個人行為舉止決定著求職成敗，有些人認為，過分強調一些行為舉止，會影響個人才華的發揮，而且顯得有些做作。這種看法有些片面，要知道，在求職面試過程中，一些細小的行為舉止不但會影響個人形象的發揮，還可能影響求職的成功與否，本著「大丈夫不拘小節的原則」行為做事，是一件非常危險的事，求職者應引以為戒。

當然，也沒有必要因此而產生顧慮，在面試過程中表現得過於呆板。把具有特性的行為方式隱藏起來，這樣做就有些適得其反了。對於表現個人行為舉止這一問題，求職者不妨以平常心對待，只要把握得恰到好處，把個人特有的行為方式表現出來就可以了，這對吸引主考官的注意力有很大好處。當然，這裡指的是正確、恰當的行為方式。

具有「超越」的優秀意識

企業招聘者偏愛具有「超越」意識的應聘者，這一點毋庸置疑，求職者可將超越精神當作個人優勢，展現在考官面前，勢必會獲得考官注意，對獲取應徵職位有很大幫助。

求職時，展現超越意識固然要小心謹慎，必須因情況、場合、時機的不同而慎重行事。

有一家知名的美國獨資企業，要招聘一名優秀的銷售人員，為了達到目的，該企業設置了嚴格的招聘要求，最終在眾多的應聘者當中選拔出三位，由於招聘人數有限，企業決定讓這三位入選者做最後的角逐。於是，通知他們進行最後一次複試。志村和其他兩位應聘者接到複試通知後，都為了能獲得這一職位而摩拳擦掌。

複試當天，三位應聘者都做好了充分準備，不料，負責複試的主考官並沒像其他考官一樣，出一些奇怪的測試題來檢驗他們的銷售能力，而是讓他們尾隨他到十一樓的總經理辦公室取東西。三位應聘者雖然滿腹疑惑，但又不便發問，只能聽從考官吩咐，從六樓一直爬到十一樓的總經理辦公室。

由於樓梯很窄，主考官一個人慢悠悠地走在最前面，志村等人只能在後面悄悄地跟著。由於主考官擋在他們前面，想以平時的速度爬樓梯似乎是不可能的，因為沒有人敢超過主考官，他們怕因為這一舉動而喪失了好不容易爭取來的機會，所以，都默不作聲地跟在後面，即使有些著急也只能忍耐了。

從六樓到十一樓，僅僅五層樓的距離，他們竟然走了十幾分鐘還未到達，主考官依然若無其事地慢悠悠地向上走，此時，性子比較急的志村不顧一切地超越了主考官，他不一會兒就爬到了十一樓。其他兩位應聘者都覺得志村的行為很可笑，他們認為，志村的行為會令主考官感到不悅，這樣他們就又少了一位競爭對手。正當他們為志村的冒失而暗自慶幸時，志村的問話打破了他們的幻想，志村對主考官說：「對不起，我們似乎走錯了，這裡只不過是一間儲藏室，根本沒有什麼總經理辦公室。」

主考官用讚賞的口氣對志村說：「小夥子你很有膽識，我們沒有走錯，我要的正是這樣的結果。今天的複試到此結束，你們跟我到辦公室來吧。」

其他兩位應聘者向志村投去了惋惜的神情，而志村也為自己的舉動感到後悔。回到六樓以後，主考官宣佈了選拔結果，出乎意料的是，志村竟然被錄取了，其他兩位應聘者非常不解地看著主考官，但都沒有將內心的疑問說出來。主考官看出了他們的心思，說：「從事銷售這一行，需要具備『超越』的意識，一味地循規蹈矩、墨守陳規，是不能取得優秀成績的。如果公司錄用一些沒有進取心的人，何談發展與壯大呢？」

志村這一步棋走得確實有些冒險，但正是因為他的這種超越精神才打敗了其他兩位競爭對手，也因此而敲開了該外資企業的大門。

一個人是否能在求職面試過程中佔據一定的優勢，在很大程度上，還要取決於他是否具備超越的精神。站在企業主的角度而言，超越精神是每一位求職者必須具備的優秀品質，這對企業的發展能發揮良好的推動作用。因為，一個具備超越意識的人，是不甘於墨守陳規、按照「規矩」辦事的人，在他們身上可以發現一種「不穩定」的因素，也正是因為這一點，才激發了他們的創造精神。所以，每家企業都希望能聘用這樣的員工。站在求職者的角度而言，如果具備了超越精神，勢必會在面試中佔領一定的優勢，將自身的一些特色在主考官面前表現出來。這勢必會為個人形象加分，贏得主考官的讚賞，從而讓對方留下深刻的印象，這對獲得職位有很大幫助。

把能力擺在明處上

有人才高八斗卻深藏不露；有人才華平平卻表現得淋漓盡致，這兩種不同類型的人在求職過程中取得的結果也大相逕庭。前者可能會處處遭「冷落」，後者則可能會平步青雲，其中的差別在於，前者將自己的才華掩藏了起來，而後者卻將自己的能力發揮到了極致。

面試時，求職者的每個行動、每句話，都在闡述和表現著自己的觀點、行為以及語言表達方式、傾聽方式，和針對各種各樣處理問題的方式。求職者不僅把自己的訊息傳遞給主考官，也從主考官那裡得到一些相關資訊，瞭解對方的真實想法後，竭盡全力與對方交流。爭取在交流過程中將才華展現出來，這樣更容易獲得機會。

人有一種特性，總希望把內心的感受多多少少地表露出來。身體狀況不佳時，無論怎樣強打精神拼命掩飾，臉色、神態依然老老實實地說著實話，將你不適的神情揭露得一覽無遺。同樣道理，當感情和精神狀態處於低潮時，你的表情、形態，甚至服飾邊幅，都會將其表達出來，很難讓人留下神采奕奕的印象。在展現才華前，首先要調整好心態，不要讓不良情緒影響展現的效果。

大凡成功求職者都是積極表現個人才華的典範。才華出眾者，在與考官見面的那一剎那，就能引起對方的注意。他們展現才華的方式，值得借鑑：沒有勉強，也沒有做作，而是一種得體、大方的自然流露。

求職者在展現才華時，會營造出一種獨特的氣氛。這種氣氛有著不可抵擋的吸引力，尤如一股超能力，能感染招聘者，吸引他們的注意力，這種氣氛也能平息、緩和不協調因素，具有磁石般的魅力。

那麼，究竟如何在應聘過程中將個人才華充分地表現出來呢？以下幾點可供參考：

（Ⅰ）端正對自己的態度

在強大的競爭對手面前，客觀地看待自己是十分重要的。不要欺騙自己，要認知到自己的才華，並且要妥善地加以利用。

（Ⅱ）積極地評價自己

加深對自我價值的認知，並將其傳達給招聘者。在談論自己的工作經歷、社會經驗以及學識時，應該有自豪感。

（Ⅲ）積極地控制自己

對於成功就業，準備和行動非常重要，不僅可以創造就業機會，同時也可以打造富有責任感的自我形象。

（Ⅳ）樹立積極、正確的就業觀念

面試前的首要任務是清除雜念，只考慮到獲得職位後將如何把工作做得有聲有色，把「應聘失敗後該怎麼辦？」的想法忘掉，激發自己盡情展現才華的欲望。

（Ⅴ）設立明確的目標

在應聘過程中，必須有明確的目標，包括自己想做什麼，應聘什麼職位，對該職位的認知等，對於這些，都應該有個明確的目標，千萬不能人云亦云。

法則4

屢敗屢戰，失敗就當是經驗

一位先哲說：「擁有一種積極進取的心態，勝過擁有一座金礦。」的確，好心態的價值是不能用金錢來衡量的。求職路上，打擊、挫折是不可避免的，倘若心態不良，又豈能成功就業？精明的求職者能夠任清這些，謹記「失敗是成功之母」的訓誡，能及時調整不良心態，寧可失敗也不失志。

堅信「天生我才必有用」

求職是一個艱難的過程，許多人因承受不住打擊而自暴自棄，其實大可不必這般消極，要始終堅信「天生我才必有用」。每個人由於性格、愛好、能力不同，所能從事的行業也不盡相同，但是，只要擺正心態，就一定能找到屬於自己的人生座標。

有些人在求職過程中遭受打擊後，就開始懷疑自己的能力與求職方向，甚至會放棄繼續找工作的信心，甘願隨波逐流、平庸一生。這是一種極為消極的求職態度，每個人生下來都有一定的價值。無論學歷、地位、工作經歷如何，在眾多工作崗位中，總有適合自己的位置。俗話說得好：「三百六十行，行行出狀元。」所以，求職者在應聘過程中，沒有必要否定自己，無論遇到什麼樣的困難，只要心中的希望不滅，就要勇敢地向前走。

董文波是一名來自南部農村的小夥子，由於家境比較貧窮，沒有足夠的錢供他上大學，董文波高中畢業後，就開始了打工生涯。在他心目中，一直有個美好的憧憬，他希望離開鄉下到城市去工作，希望有一天能出人頭地。

年輕氣盛的董文波向父母說出了自己的想法後，就離開家鄉隻身北上。他與其他求職者一樣，帶著個人簡歷，每天奔走於就業市場中。可是，一個月過去了，他仍然沒有找到一份適合自己的工作，就連面試的機會都沒有得到。因為，大多數企業都要求求職者具備大專甚至大專以上的文憑，董文波因此被擋在了職場大門之外。

在找工作期間，董文波常常站在大街上，茫然地望著匆忙行走的路人，他的心中發出無限感慨，難道偌大一個城市竟沒有他容身之地嗎？

董文波從小就喜歡寫作，白天，他勤懇努力地找工作，到了夜晚，他在一間不足三坪的房間裡讀書寫文章。他無意中看到一句話——天生我才必有用，正是這句話激發了董文波的鬥志，他不相信，憑著自己的能力就找不到一份適合自己的工作。他開始全面地分析自己、為自己定位，重新確定了自己的工作意向。

於是，他準備用自己的作品當作敲門磚到報社去求職。一天，董文波來到一家報社的人力資源部，他把自己的想法告訴對方後，該報社人力資源部的人問他是什麼學歷，董文波如實地回答了，對方不假思索地告訴他說：「對不起，我們這裡只招碩士以上學歷的人，你還是到其他地方試試吧！」

董文波誠懇地說：「我是高中文憑沒有錯，但請不要這麼快否定我，能不能先看看我的作品，然後再下結論。」這一切被一位編輯看在眼裡，他被董文波的真誠打動了，他拿過董文波的作品仔細閱讀後連連稱讚。最後對他說：「我們這裡尚缺一名編輯助理，你願不願意做？」

聽完董文波高興得連連點頭。兩人談了許久後，這位編輯要求董文波第二天上午來報到。董文波興奮得不知所措，他不敢相信自己的耳朵，緊緊地握著編輯的手，久久說不出話來。

從董文波成功就業的經歷來看，每個人都有機會，只要堅信「天生我才必有用」的信念，就一定能找到適合自己的工作。

每一次求職都可能成為你人生的一個轉捩點，既可能成就你，也可能毀了你，就看你用什麼樣的態度面對它。對於大多數求職者來說，最為痛苦的事莫過於在求職過程中遭受打擊，被企業主拒之門外；而最為慶幸的事，也無非是找到一份稱心如意的工作。雖然，求職的結果很重要，但是，求職者應該清楚一個道理：過程比結果更重要。

在求職過程中，人們可以增長許多社會閱歷，這無形中是在鍛鍊一個人的心理承受能力，這與成功就業同等重要。所以，在求職過程中一帆風順的人，不要自覺慶幸，因為你們失去了歷練自己、增長社會閱歷的機會；在求職過程中屢遭挫折的人也不要氣餒，要堅信「天生我才必有用」，相信陽光總在風雨後，只要能調整好心態，一定能找到適合自己的工作。同時，求職中屢遭挫折的人還應為自己的經歷感到慶幸。因為，經歷這些挫折後，社會閱歷增長了不少，自己又成熟了幾分。

思想決定行動，積極向上的思想能促使人們取得成功，而消極怠慢的情緒往往會使人迷失自己，從而找不到奮鬥的目標。求職本來就是一個艱難的過程，求職者要相信個人的能力，否則，會被一種失落感控制著大腦，影響了求職。

許多求職者在求職失敗後，會產生挫敗感，懷疑自己的能力，主要原因是，求職者不能正視自己的能力，因此產生了懷疑心理，這不利於找到一份好工作，還須及時調整心態。

大學剛畢業的嵐嵐，在一次徵才博覽會上，她被一家大型貿易公司看中了，該公司約她次日到公司總部面試。

一輪筆試過後，嵐嵐和其他求職者均被告知回家等候消息。兩天後，嵐嵐收到該公司寄來的一份包裹。打開一看，竟是一份蛋糕配料。嵐嵐不明白該公司的具體意圖，但她相信，招聘方這麼做一定有目的。她按照包裹中的說明，做了一個蛋糕。

次日，她帶著蛋糕參加了面試，結果她成功了。因為，她是唯一一個沒被困難難倒的求職者。其他人看到包裹後，有的沒當回事，有的不知所措，有的輕易地放棄了次日的面試。

原來，這個蛋糕是測試的一部分，其目的是考驗求職者是否相信自己的能力，是否有勇氣敢於展現自己。儘管嵐嵐做得不是很好，甚至可以用糟糕一詞來形容，但至少她敢於嘗試，而且能克服種種困難，這一點令公司非常滿意。也正是這個不起眼的蛋糕，使眾多求職者錯失了就業機會，也成就了嵐嵐。

嵐嵐應聘的是市場行銷職位，這一行業需要相信自己的能力，倘若連製作蛋糕的勇氣都沒有，談什麼做好工作呢？

就此看來，求職者在面試過程中，一定要相信「天生我才必有用」，相信自己是最好的，這樣才能把固有水準表現出來，否則，無論多麼好的機會都將會與你擦肩而過。

心理學家研究發現，自信是人們心中的明燈。成功求職者總是能走向明燈照亮的路，因為他們堅信「天生我才必有用」，相信自己比別人更早、更容易找到成功的鑰匙，由此看來，心態就成了求職成功的催化劑。

每個經歷挫折後又成功就業的人都有一個共同的體會：只要能調整好自己的心態，就會產生一股戰勝困難的力量與勇氣，即使就業目標再高，也堅信會有成功的一天。

心態是一種最堅強的力量，它能夠幫助人們克服求職過程中的種種困難，直到找到適合自己的工作，擁有好心態的人不會因遭受挫折而失去求職的勇氣，他們會不斷地挖掘自身的價值與潛能，不斷努力，直到取得成功。

卡耐基說：「自信才能成功。」任何一個成功就業的人，都是相當自信的人，而那些沒有自信心的人，只要偶爾遇到一點挫折，就會心灰意冷，一蹶不振。失敗的人之所以會失敗，是因為他們不相信自己，更不用說相信自己是最好的。

古人曾說：「哀莫大於心死。」沒有自信心的人是很難成功的。每位求職者都渴望順利地找到一份適合自己的工作，求職者必須具備堅韌不拔的精神，要相信自己是最好的，堅信自己一定可以找到一份適合自己的工作，並且會不斷努力，爭取實現自己的理想。

面試過程中，考官考驗求職者的方法五花八門，求職者要本著相信自己做得最好的原則，才能贏得考官的青睞，畢竟任何考官都喜歡自信、有魄力的求職者。

屢敗屢戰的精神不能少

屢敗屢戰的精神在求職面試中非常重要，面試時，遭到打擊是很可能的，但要堅信「是金子總會發光」，要調整好心態，具有屢敗屢戰的精神，這樣才會在下一次機會來臨時，做好迎接的準備。

求職要有堅持到底的決心和毅力，無論遭受多麼大的壓力與打擊，都要持之以恆，要知道失敗過後必然是成功。那麼，究竟怎樣才能調整好心態，把屢敗屢戰的精神應用在求職面試過程中呢？

（一）改變自己

許多求職者非常討厭就業市場，趙磊也是這些人中的一分子。可是，為了賺錢養活自己，又不得不遊走在就業市場中。這一次，趙磊又被通知前去面試了。這已經是他第二十次的面試了，前十九次均以失敗告終。

面試過程中，趙磊像往常一樣，強打起精神。他從大學講起，直到說完最後一份工作，然後對招聘人員微微一笑，客氣地說聲「謝謝」，便被告知回去等通知。每當趙磊聽到這句話時，就已經預料到了結果，這次面試再一次失敗了。

雖然說大城市的就業機會很多，可是，一個好職位往往有幾十人來競爭，可見競爭的激烈程度。吃了二十次的「閉門羹」後，趙磊開始懈怠了，他心灰意冷地想：倘若不是原公司經營不善進行裁員，絕對不會加入到求職者的隊伍當中。他懷念原公司同事間和睦友好的工作氣氛；懷念本職工作的輕鬆；懷念每逢節日公司發放的獎金等，心中不禁產生一絲惆悵。想想離職近一個月，不但工作沒有找到，還受了不少打擊。他開始懷疑自己的能力，懷疑自己是否還能繼續找下去，他擔心接下來要面對的依然是拒絕，擔心自己承受不住這樣的打擊。雖然自己具備良好的外在形象，而且有兩年多的工作經驗，又是名校畢業的。可是，這些外在條件依然沒有帶給他多大的幫助，二十次的求職失敗就是一個很好的證明。趙磊開始整理自己的思路，總結失敗的原因。

首先，他重新製作了一份個人簡歷，把原先那種毫無章法可循的簡歷改造得層次分明、整齊工整，把自身優勢擺在最顯眼的地方，而且還在簡歷的右上角，貼上了一張非常有精神的兩寸照片，並且把聯繫方式也放在最顯眼的地方。在工作經驗一欄裡，他按照時間的順序將個人工作經驗工工整整地羅列出來，給主考官一種清晰、醒目的感覺。

其次，他依然穿梭在大大小小的徵才博覽會中，透過各種方式投發個人簡歷，只要感覺適合自己的工作，趙磊絕不放過。獲得面試機會以後，趙磊會充分地準備一番，詳細瞭解應聘公司的各方面資訊，並將個人的意見詳細地寫在紙上，以免企業主問及此事時，自己回答不上來，錯過就業機會。

在一番精心準備之後，趙磊果然獲得了許多面試機會，而且與先前比起來結果要好多了，至少已有幾家公司決定雇用他了。當然，公司有選擇員工的權利，員工同樣有選擇公司的權利。趙磊在這幾家公司中，選擇了一家較為合適的公司。不久後，趙磊在工作中做出了成績，深得老闆的賞識。

趙磊後來回憶說：「第二十次面試失敗後，我真的不想再繼續找工作了，受打擊的滋味的確非常痛苦。但是，我是個不服輸的人，我堅信最後一次失敗後就會獲得成功，我的經歷證明了這一說法。倘若，我當初因為失敗而放棄了繼續求職，現在也不可能坐上銷售總監的位子。所以，找工作必須有鍥而不捨、屢敗屢戰的精神，要始終相信成功從最後一次失敗開始。」

現實生活中，求職競爭確實非常激烈，每位求職者都深有體會。但是為了謀生，就應該工作，所以，工作就成了人生中最為重要的一個環節。無論是求職還是自己創業，目的是為了獲得生存權利。既然如此，就不能輕易放棄，只要堅持下去，就有成功的一天。

人們對此或許會產生一些疑問，失敗究竟什麼時候才能結束，成功又什麼時候才能到來？愛迪生發明電燈時，曾經歷了無數次的失敗，最後終於獲得了成功，並且為人類做出了巨大的貢獻。如果他只經歷了十次、二十次甚至是兩百次的失敗就決定放棄的話，那麼，這項發明的專利權也許就不屬於他了。

求職道路是坎坷的，這是眾所周知的事情，求職者應調整好心態，把眼光定位在最後一次失敗，那將意味著成功即將到來。

(二) 堅信「是金子到哪都會發光」

每個人都有一些天賦，有些人擅長畫畫；有些人擅長書法；有些人擅長體育等，人們在發現個人天賦的同時，要堅持無論付出多大代價都要把這件事完成的毅力，即使遇到一些阻礙也不能放棄目標，時刻堅信「是金子到哪都會發光」，這樣才會有實現願望的一天。

在美國有一位窮困潦倒的年輕人，他心中始終有一個夢想，將來要成為一名出色的電影明星。可是外在條件限制了他實現心中的夢想，他身上的積蓄加起來還不足買一套像樣的西裝。儘管如此，他仍然沒有放棄自己的夢想，並為此付出了實際行動。

他做了一項調查，發現當時好萊塢共有五百家電影公司，於是，他擬定了一條路線，決定帶著為自己量身訂做的劇本，登門拜訪各家電影公司，為自己謀求發展機會。令他傷心的是，當他把這五百家電影公司全部拜訪完以後，竟然沒有一家公司願意聘用他。

當他從最後一家電影公司出來以後，對方拒絕的話語，令他久久不能忘懷，他帶著失落的心情回到了家中。老實說，五百次的拜訪與打擊，已經嚴重地傷害到了他的自尊心。可是，他不甘心就這樣放棄心中的夢想。於是，他鼓起勇氣，從第一家拒絕他的公司開始，進行第二輪拜訪，他相信是金子到哪都會發光。第二輪的結果與第一次相同，仍然沒有公司錄用他。但這位年輕人仍然沒有放棄，不久後又開始了第三輪、第四輪的拜訪。當他拜訪到第四百家電影公司時，公司老闆給了他一次試鏡的機會。為此他高興得合不攏嘴。要知道，得到這次機會是多麼難得啊！他精心準備了一番，希望用最出色的演出，打動該電影公司老闆，實現自己多年的夢想。

幾天後，他接到了該電影公司的通知，老闆請他前去詳細商談。而正是這次商談，改變了他的命運，老闆決定投資拍攝他試鏡的這部電影，並請他擔任其中的男主角。電影成功地拍攝結束了，而且受到了廣大觀眾的好評，這部電影便是《洛基》。而這位年輕小夥子就是紅遍全世界的著名影星席維斯・史特龍。

史特龍的成功告訴人們一個事實：任何人的成功都不是一帆風順的，只要心中有成功的欲望，有屢敗屢戰的精神，終將會看到成功的曙光。

（三）把每一次失敗都當成一次歷練

失敗並不是一件壞事，每經歷一次失敗就能得到一次成長的機會，經歷了多次失敗以後，無論從心理承受能力而言，還是從社會閱歷上來講，都會有一個新的改觀。只要能在失敗中記取經驗教訓，就能發揮這樣的效果。

許多大學畢業生認為，出校門後，自己不具備任何優勢，沒有工作經驗，欠缺社會閱歷，沒有良好的家庭背景等，認為自己根本無法參與求職競爭。其實，這種想法是不正確的，作為畢業生的你，有一個其他求職者無法比擬的優勢，在你周圍，有很多和你具備同樣經歷的同學、還有許多關注你成長的老師。當你求職失敗時，他們給你鼓勵與支持；當你在求職中遇到困難時，他們為你指點迷津；當你成功就業時，他們為你喝采、慶祝。所以，當你求職失敗時，不妨向同學或老師學習一些經驗，尋找一些應對方法，力爭以良好的心理狀態迎接下一次挑戰。

小許在求職之初，曾經歷了多次失敗。在面試過程中，由於過度緊張，說出的話語無倫次，讓主考官留下了很糟糕的印象。小許回憶說：「第一次面試中，主考官問我『業餘愛好是什麼？』那含糊其辭的回答，讓我喪失了就業機會；第二次面試時，依然因為沒有回答好考官的提問而被淘汰了。就這樣我失去了很多機會。」

後來，小許不斷地反省面試失敗的原因，他記取了以前的教訓，告誡自己在準備下一次面試時，除了準備好專業知識以外，還要做到口齒清晰、說話條理清楚，為了做到這一點，小許每天對著鏡子練習說話。他的付出果然獲得了回報。在下一次的面試中，小許以出色的自我介紹，贏得了主考官的注意，憑藉清晰詳盡的語言表達，塑造了良好的自我形象。無疑，這次面試是成功的，小許成功地獲得了這份工作。

求職過程中，遭受打擊是很正常的事。每個人都有各自的優、缺點，面試過程中，也許你的優點對於該公司或應聘職位來說，恰巧變成了缺點，此時對方肯定不會將你列在考慮範圍之內。如果因此而感覺心理不平衡，對找工作失去信心，就因小而失大了。

遇到打擊後不要灰心，這是求職者應具備的良好心態，及時調整心態重整旗鼓，繼續向前邁進，才是正確的選擇。

許多年前，美國有一位十六歲的年輕小夥子，去一家著名的貿易公司應聘售貨員一職，面試過後，老闆給了他三個月的試用期。雖然他每個月領著極其微薄的薪水，但仍然心滿意足地賣力工作，因為他希望能透過腳踏實地地做，獲得這份工作，並透過這一平台使自己步步高升，實現自己的理想。因此，他做起事來，永遠抱著學習的態度，處處小心留意，想把工作做得十分完美。他希望能夠得到經理的賞識，使自己盡快轉為正式員工，和其他人一樣享受正式員工的待遇。不料經理對他的印象恰好相反。

有一天，他被喚進經理室遭到了一頓訓斥，經理告訴他說：「老實說，你這種人根本不適合做售貨員。但你的臂力健碩無比，我勸你還是到工廠裡當一名工人去吧，我這裡用不著你了。」

這一番訓斥幾近於侮辱，對於那小夥子來說有如五雷轟頂，他沒有想到辛苦工作換來的竟是這樣的結果。一個年輕氣盛的人踏入社會不久，就遭受了這樣的打擊，一般人都很難承受，很可能氣得暴跳如雷，在下一次求職時，可能會抱著消極的態度。但那位小夥子並沒有這樣做，他雖沒有通過試用期，但仍有自己的理想。他要在被擊倒的地方重新爬起來，爭取更好的成績。

「是的，經理，」他說，「你當然有權將我辭退，但你無法消磨我的意志。你說我不適任，當然，這也是你說話的自由，但這並不減損我絲毫的能力。你看著吧！遲早我要開一家公司，規模比你的大十倍。」

他並沒有吹牛，他說的句句是實話，他雖然在那家貿易公司跌倒了，但他把這次打擊當成了一種激勵，這次挫折鼓舞了他積極向上的鬥志，他不斷努力，幾年後，終於取得了傲人的成績。

假使沒有這次打擊，這位小夥子很可能只是一名普普通通的打工者，不會獲得多麼顯著的成就。當然他也會努力奉公，力求上進的，但即使他能如願以償，可能也只是一名貿易公司的業務員而已。可是他在經理的一頓訓斥後驚醒，他立刻打消了「心滿意足」的心理，從而確定了更大的目標，才使他從一個無名的小店員一躍成為一位大老闆。

由此可見，打擊對求職者來說並非一件壞事，說不定一次嚴重的打擊會激起心中的某些欲望，透過奮發努力取得更為傲人的成績。所以，求職者在受到打擊時一定要調整好心態，用積極樂觀的態度面對打擊，千萬不能灰心喪氣，那樣做只會降低成功的機率。

不為失敗找藉口

在求職過程中，有人經常為自己的失敗找藉口，時間長了，會把為失敗找藉口當成一種習慣，他們不會承認自己的能力有問題。也許很多失敗是由客觀因素造成，是無法避免的，但大部分失敗都是由個人主觀原因造成的。

當你在求職中面對失敗之時，不要尋找藉口，而應找出失敗的原因。

任何人在求職中都不可能一帆風順，就算沒有大失敗，也會有小挫折。而每個人面對失敗的心態也都不一樣，有些人不把失敗當一回事，他們認為「勝敗乃兵家常事」；也有人拼命為自己的失敗找藉口，告訴自己，也告訴別人：他的失敗是因為主考官眼拙、企業主不識能人，或是自己運氣不好等。總之，他們可以找出一大堆理由。

在求職面試中，不把失敗當一回事的人實在不多，而這種人也不一定能成功就業，因為如果他們不能從失敗中記取教訓，儘管有超人的意志也沒用。不敢面對失敗，總是為失敗尋找藉口，這是求職過程中的一大弊端。

為失敗尋找藉口的人，多數情況下會把責任推卸到他人身上，這種人從來不會在個人身上找原因，儘管失敗是因個人能力造成的，他們也會絞盡腦汁把責任推卸得一乾二淨。也許你認為，失敗是主考官沒眼光，但那是因為你的能力不夠造成的；也許你認為，失敗是因為自己的運氣不好，但那可能是因為你沒有對應聘公司、職位進行全方位的瞭解與分析；也許你認為，失敗是因為企業主不需要你這樣的人才，但那也是因為你沒有弄清楚自己想做什麼。

總而言之，你完全可以從自身的角度去研究失敗，如：你的判斷能力、行動力、細心程度等，因為事情是自己做的，決定去應聘什麼樣的職位，是自己做出的決定；到哪家公司去應聘，也是自己親歷親為的，所以失敗當然與自己脫不了關係。因此，你大可不必去找很多藉口掩蓋自己的失敗。即使找到了藉口，又能挽回些什麼呢？

前面說過，有些失敗是來自於客觀因素，逃都逃不過，但你還是不要找這種藉口為好，因為找藉口會成為一種習慣，讓你錯過尋找失敗原因的機會，這對日後的成功就業是毫無幫助的。

面對失敗是件痛苦的事，彷彿拿著刀割傷自己一樣，但不坦然面對又能如何呢？求職者最大的目的是為了成功就業，如果不能從失敗中找出原因，面試過程中很可能會處處碰壁。因此，碰到失敗，不要逃避，要找出原因來，就好比找出身上的病因一樣，以便對症醫治。

要找出失敗的原因並不是一件很容易的事，因為人常會下意識地逃避，因此，應雙管齊下，自己檢討，也請別人幫忙。自己檢討是主觀的，有正確，也有不正確的；請別人幫助自己檢討是客觀的，當然也有正確和不正確之分，互相對照比較，差不多就可以找出失敗的真正原因了。這些原因一定和你的個性、智慧、能力有關。任何人都不必辯白，應該好好看待這些分析，坦誠地面對，並進行自我修正。如果能這麼做，就不會再犯同樣的錯誤，在求職面試過程中也會增加幾分自信。如果一碰上失敗，就為自己尋找藉口，那成功就業的機率也會大幅度地降低，因為你並未從根本上解決「病因」。

找工作是人生的一件大事，每個人都應該給予高度的重視。當遇到挫折和打擊時，要及時調整心態，不要為失敗找藉口，要從失敗中找原因，及時加以彌補，這才是一種良好的求職態度。

敬業負責，樂在工作

有些人把找工作當成了一種負擔，懷著這種態度是無法找到令人滿意的工作的，即使勉強通過了面試，也很難順利地通過試用期。任何一名求職者，都應具備敬業精神，這樣才能以良好的心態打動主考官的心。

敬業精神是求職者必備的職業品性，是成功獲取職位的前提條件，求職者應該把敬業變成一種習慣，這樣無論走到哪裡，都能找到一份理想的工作。

求職者在找工作過程中，會遇到各式各樣的困難。那麼，想要戰勝困難，就要有敬業精神，這是贏得考官注意的一個重要環節，也是在眾多求職者中脫穎而出的秘密武器。如果能把敬業精神表現在考官面前，並能應用到日後的工作過程中，一定會有很大的幫助。

究竟什麼是「敬業」精神呢？

就是要重視你的工作。為何要這麼做呢？可以從三個層次去理解。首先，既然想得到這份工作，就必須對此提高重視程度。主考官一旦體會不到你的誠意，便會把你淘汰出局；其次，如果能獲得這份工作，就要設法把它做好，而把工作做得盡善盡美的前提，就是要有敬業精神，這樣才能贏得老闆的欣賞；再次，正所謂「拿人錢財，與人消災」，也就是說，敬業是為了對老闆有個交代。如果提升到一個層次來講，那就是把工作當成自己的事業，要具備一定的使命感和道德感。不管從哪方面來說，「敬業」所表現出來的就是認真負責，認真做事，一絲不苟，並且有始有終。

很多初入職場的年輕人都有這樣的感覺，自己是老闆賺錢的工具。其實，這也沒什麼關係，你出錢我出力，乃情理之中的事。再說，如果企業經營不善，自己辛苦找到的工作，豈不又付之東流了嗎？

但有些人則認為，反正為人家做事，能混就混，公司虧了也不用自己去承擔，他們甚至還扯老闆的後腿，背地裡做些不良之事。稍加仔細想想，這樣做對自己並沒什麼好處。敬業，從表面上看是為了老闆，其實，在某種程度上看，也是為了自己，因為敬業的人能從工作中學到比別人更多的經驗，而這些經驗便是提高能力、向前發展的踏腳石，就算以後要跳槽或從事其他行業，敬業精神也能為你帶來很大的幫助。因此，不要把工作當成負擔，應在工作中將敬業精神發揮得淋漓盡致，這樣，無論從事什麼行業、在哪家公司工作，都能成為老闆稱讚的對象，對成功就業有百利而無一害。

人們一旦把工作當成了負擔，成功就業的機率就會相對減小，散漫、馬虎、不負責任的工作態度就會顯露出來，做任何事都會產生「隨便做做」的想法，這勢必會引起老闆的不滿。如果工作了一段時間後，依然這樣，那麼，這份來之不易的工作就可能會不翼而飛了。

所以，「敬業」便是對待工作的最佳態度。那麼，敬業有什麼好處呢？

（Ⅰ）容易受到尊敬

就算你的工作能力不足，一旦具備了敬業精神，別人也不會去挑你的毛病，甚至還會受到你的影響。

（Ⅱ）容易受到提拔

老闆都喜歡敬業的人，因為，這樣他們可以減輕工作壓力，把事情交給敬業的員工去做，他們比較放心。

失去了就不後悔

有些求職者獲得一份工作以後，不懂得好好珍惜，一旦失去以後，才感受到求職競爭的激烈程度，此時，不免為丟掉先前的工作而感到懊悔，甚至沉溺在自責當中。這裡給求職者一點提示，既然已經失去了，就不要為之傷感，重整旗鼓，努力找到一份更好的工作，這才是求職者應有的心態。

許多求職者都會發出這樣的感慨「早知道競爭如此激烈，想當初就不辭掉原來的工作了……」「要知道好工作這麼難找，就乾脆在原先那個單位繼續做下去了……」等，要知道，這些都是假設，沒有實際意義，對找工作沒有任何幫助，只會減少前進的動力。

李嘉靖是某名校的畢業生，由於成績優異，在校期間就被某外資公司招聘了，並與她簽了三年的工作合約。所以，她沒有機會嘗試找工作的苦，也不清楚求職競爭的激烈程度。李嘉靖的工作非常簡單，而且薪水待遇也很優厚，唯一的不足就是經常要加班，這一點是她無法忍受的。於是，她向公司遞了辭職信。

之後的幾個月裡，李嘉靖不停地參加企業徵才博覽會，也參加了多次面試，可是，總是有好多人在競爭一個職位，這令她失去了信心，她做夢也沒想到，求職競爭如此激烈。找工作是一件勞神傷財的事，幾個月的找工作生涯，令李嘉靖精疲力竭，看著同學們整天沉浸在各自的工作中，李嘉靖不由地想起自己工作時的快樂，雖然經常加班，但每天的生活是充實的，而且不用為生計擔憂，憑當時的薪水待遇，幾乎可稱得上是「粉領」了，想買什麼東西根本不用算計，可是現在呢？即便是吃飯，也只能進那種廉價的小餐館，還要處處受主考官的氣，承受激烈的求職競爭。想著想著，李嘉靖便沉溺在自責當中，她後悔當初輕易地辭掉工作。這段時間裡她每天食慾不振，做事也沒勁。

有句話說得好：「魚與熊掌不可兼得。」無論做什麼事情，都必然面對得與失。對於許多事情，有得必有失，這是人們無法掌控的自然規律。許多人在得失面前，常常不能以良好的心態對待，得到時不懂得好好珍惜，失去後才悔不當初，甚至從此沉淪墮落。這是一種不可取的做事態度，不但不會促使自己找到一份稱心如意的工作，而且還會降低就業機會。試問哪家企業願意招聘滿腹牢騷、情緒低沉的員工呢？

企業招聘員工的目的，一方面是為了讓企業注入新活力，促進企業發展；另一方面是為了鞭策老員工，激發員工間的競爭，以此來激發他們的工作熱忱。倘若企業招聘一批情緒低落的新員工，不但不能促進企業發展、鞭策老員工、激發員工間的競爭力，還可能產生一些負面影響。在這種情況下，企業招聘者寧缺勿濫，也不會招聘這樣的員工。

有些求職者常常為失去的工作而傷感不已，這就會降低就業積極性，在接下來的求職面試中，自然會缺乏自信，缺少後勁，這樣，即使個人優勢再突出，有時也可能會錯過一些好機會。

一般人不太可能在同一家公司工作一輩子，有時，跳槽是正常現象。有些人跳槽後能享受到更好的工作待遇，而有些人卻恰恰相反。前者為自己感到高興，是理所當然的，而後者卻沒有必要為自己的境遇感到憂愁，要清楚一個道理：一分耕耘一分收穫。每一位老闆的眼睛都是雪亮的，你為公司創造了多少價值，公司也會給予你相應的補償。這就告訴求職者，不要把心思浪費在回憶過去上，而應該為以後的求職、工作好好計畫一番，這才是最明智的做法。

求職應求開好頭，收好尾

求職面試也好。試用也罷，都要把善始善終的工作精神表現出來，要時刻提醒自己，無論做什麼事情，不但要開好頭，還要收好尾。

許多企業在招聘過程中，都要求求職者具備善始善終的工作態度，三心兩意、虎頭蛇尾式的工作態度，沒有任何一家企業可以接受。求職者應該認清這一點，把心態擺正，雖然不可能把工作做得盡善盡美，至少要做到善始善終。

徐蕊和王慧是一對非常要好的朋友，大學畢業後，兩人一同到某家電腦軟體發展公司應聘，並且在面試時給主考官留下了深刻的印象，給了她們試用的機會。為了能盡快成為正式員工，徐蕊和王慧兢兢業業、勤勤懇懇地工作著，擔心因某個環節做得不夠好，失去這次得來不易的就業機會。時間過得很快，三個月的試用期馬上就要過去了，徐蕊和王慧都等待著命運的安排。試用期最後一天，徐蕊和王慧都在為自己的去留忐忑不安。她們不知道，勤懇工作三個月最終換來的是什麼樣的結果。

當天下午，人事主管將她們兩人叫到了辦公室，對她們說：「到今天為止，妳們的試用期已經結束了，妳們可以到財務處領取薪水了。」

人事主管的這句話，讓徐蕊和王慧產生了一個很大的疑問，她們不明白主管的意思，開口便問：「為什麼？我們做得不好嗎？」

人事主管面無表情地說：「沒有原因，這是公司的規定！」說罷起身離開了。辦公室裡只留下徐蕊和王慧兩人。

兩人懷著猜疑的心情，直奔財務處。領完薪水後，徐蕊問王慧：「人事主管是什麼意思？」王慧低落地說：「這還不明白嗎？意思是告訴我們明天不用上班了，要我們明天就走人。」

兩人回到各自的工作間後，徐蕊仍然忙碌著手上的工作。下班後，徐蕊把辦公室收拾得乾乾淨淨。而王慧卻不同，整個下午都處於低沉狀態，沒有心情繼續工作。當兩人準備離開時，人事主管再次叫住她們，對徐蕊說：「妳的表現我很滿意，妳已被公司正式錄用，明天請到我的辦公室簽訂正式錄用合約，公司歡迎妳的加入。」說罷轉身對王慧說：「很抱歉，妳沒有被錄用。」

王慧焦急地問：「為什麼？難道我做得不夠好？」

人事主管微笑著說：「不，我很欣賞妳的工作能力，而且各方面都表現得非常出色，可是，妳唯獨缺少的是善始善終的工作精神。祝妳能找到一份更好的工作。」

是否具備善始善終的工作態度，不僅可以考驗出一個人的責任感，還可以考驗一個人對待工作的態度。從企業角度而言，能招聘到一位對工作勤勤懇懇、兢兢業業的人，的確是一件好事，因為，這樣的員工才能把工作做到最好，把重要工作交給這樣的人，企業老闆比較放心。試想，哪位老闆肯將重要的工作交給做事虎頭蛇尾、三心二意的人呢？

眼高手低難找工作

剛畢業的大學生，找工作時經常會犯一個嚴重的錯誤——眼高手低。總是一心想要找到一份待遇優厚、輕鬆的工作，而往往忽略了自己的能力問題，這也是企業主不願招聘剛畢業大學生的一個重要原因。求職者應調整心態，根據個人能力給自己定位，不要總是眼高手低，這樣會錯過一些機會。

眼高手低是一種不良心態，不但剛畢業的大學生容易犯這樣的錯誤，社會閱歷尚淺的求職者同樣會犯。這些人比較心高氣傲，明明沒有能力當經理，偏偏去應聘這樣的職位，結果處處碰壁，自信心遭到嚴重創傷，這對再次求職沒有任何好處，還不如務實一點，看看自己的能力適合做什麼樣的工作，然後再實事求是地找一份工作，這樣勝算的機率會比較大一點。

一家公司的總經理接見了一名年輕氣盛的求職者。年輕人向該企業總經理開出月薪五萬元以上的條件，而且不想從最底層做起，希望直接接手主管工作。

總經理問他有什麼本事提出這樣的條件。年輕人高傲地說：「我是國立大學畢業的研究生，暑期打工時累積了一些社會經驗，在學期間又是社團負責人。」

總經理上下打量了一下這位年輕人，說：「你暑期打工時做的是什麼工作？在哪家公司？規模多大？做了多長時間？」年輕人說：「做的是人事管理，在一家電子公司，公司內一共十人左右，大概工作半年吧。」企業總經理對他說：「我看你更適合在那裡工作，我們這裡不太適合你。」年輕人連忙解釋說：「他們那裡的待遇太低，環境又差，要不因為專業課程沒有上完，我是不會去他們那裡上班的。」

這位年輕人的結果自然不言而喻，他不但沒有得到該工作，還碰了「一鼻子灰」，他就是眼高手低者中一個代表人物，他找工作時遇到的麻煩為其他求職者敲了一記警鐘。事實上，每個人都希望找到一份待遇好的工作，而許多企業內確實有這樣的工作崗位，這就像買衣服一樣，路邊攤、小市場中有衣服賣，高級百貨公司裡同樣有衣服賣。關鍵是，你有沒有雄厚的財力，能到高級百貨公司中買衣服。有足夠金錢的人，自然可以到高級百貨公司中購買自己喜歡的衣服，而身無存款，每月的薪水勉強可以維持生活的人，只能在路邊攤或小市場中滿足自己的需要了。

在企業中，待遇往往取決於工作崗位的重要程度，而工作崗位又和個人的能力有關，誰有本事擔任這個職位，誰就能得到相應的待遇，這個道理再簡單不過了。重要的是，求職者能不能正確衡量自己的能力，認清自己究竟有幾斤幾兩，能擔任什麼樣的職位。

許多大公司在徵才時，都希望求職者具有在同等規模公司工作的經驗，尤其是那些特別重要的工作崗位，相關要求會更多、更苛刻。當然，這並不是否定在小公司工作的人，不具備到大公司工作的能力。

找工作時，選擇公司是一件重要的事，但選擇一個適合自己的工作崗位也是不能忽視的。因此，求職者必須從個人能力出發，選擇一個適合自己的工作崗位，如果能力不足，要求過高，求職失敗是在所難免；如果個人能力超越了應聘職位，很可能出現英雄無用武之地的現象，不但會影響個人情緒，還可能會抑制公司的正常發展。所以，求職者在選擇職位時，必須做到量身訂做，既不能得其職而不能謀其事，也不能人材小用。

許多求職者才剛工作一年，就覺得自己已經徹底瞭解該行業了，在同樣的工作領域裡，個人已經具備了豐富的工作經驗。其實，這種認知是片面、不徹底的，只有在同樣工作崗位工作兩年以上的人，才有資格說有相關工作經驗，否則都可被視為剛入行的新人。求職者應該務實一點，千萬不要高估自己的能力，選擇從低層做起，逐漸累積經驗，為以後的晉升做好充分準備，以免被提升後，不能做好本職工作。

想要找到好工作，獲得優厚的待遇，就必須充實自我，不斷增強個人能力，這樣才有可能達到目的。要知道，機會只青睞有準備的人。

現今社會上充滿誘惑，如：金錢誘惑、權力誘惑、地位誘惑等，這些都迷惑著求職者，導致不能正確評價自己，在求職過程中吃盡了苦頭。作為求職者的你，在邁出人生就業第一步時，一定要抗拒各種各樣的誘惑，不要被各種假象蒙蔽了雙眼，一切從實際出發，正確評價自己的能力，找一份與個人能力相符的工作，這樣才能發揮個人所長，在最短的時間裡取得更大的進步。為日後的發展鋪平道路。否則，前途很可能葬送在自己手裡。

求職，最怕有「高不成、低不就」的心理，要求高的工作沒有能力應付，而要求過低的工作，自己又看不上，始終本著這種心態找工作的人，很可能出現求職困難的局面。

找工作必須按部就班，要拿出一定的耐性，慢慢找，只要大方向正確，總有一天可以抵達目的地。那些在原地踏步的人，不願意甚至不敢邁出第一步，雖然對當前工作狀態不太滿意，但卻沒有勇氣跳槽，這樣的人只能在原地轉圈了。雖然目前求職競爭非常激烈，但是只要根據個人能力勇敢地邁出一步，哪怕只是一小步，也是值得高興的。時間久了，增長知識、豐富社會閱歷、加強競爭力、提高個人能力是順理成章的事，到那時，步伐自然會愈來愈大，愈走愈快，這樣目標是很快可以實現的。

眼高手低容易在求職浪潮中失去信心、迷失自己，找不到前進的方向；對自己要求過低也不是一件好事，往往令人喪失上進心，滿足於當前現狀，這對增長見識，提升個人能力都沒有任何好處。求職者在找工作時，既不能眼高手低，也不能對自己要求過低，一定要把握好一個限度。

任何人都希望找到一份待遇優厚、符合個人興趣、能發揮個人專長的工作，並希望以此作為發展事業的平台，創造出令人羨慕的成績。因此，求職者們往往把那些既簡單又平凡的工作忽略了，擔心自己將有限的生命浪費在平凡、瑣碎的工作當中。

其實，平凡與顯著之間並沒有一個恆定的標準。一位成功的求職者，能在平凡的工作崗位上做出顯著的成績；而一名失敗的求職者，即使給他創造一個良好的工作平台，也未必能做出多大的成就。由此看來，求職者不應該把眼光限定在那些不平凡的工作崗位上，說不定，在平凡的工作崗位上，更能體現出你的個人價值。這就告訴求職者，在求職過程中，要端正心態，根據個人能力，找一份適合自己的工作。

放下身段，路才能愈走愈寬

幾千年的封建社會雖然已成為過去，但它仍然影響著人們的思想，其中就有「萬般皆下品，唯有讀書高」，求職者應摒棄這種思想的束縛，切莫因出身名校，便瞧不起普通的工作，這是一種不健康的思想。

出身名校並不意味著高人一等，高學歷並不意味著高能力，在求職應聘中，求職者切莫因個人學歷較高、出身名校、在校期間成績優秀，便抬高身價，主考官是很厭惡這樣的求職者的。在此提醒那些自命不凡的求職者，應該放下身段，這樣才能找到適合自己發展的路。

有位頂尖大學畢業的求職者，在校期間成績很好，深受師長及同學的好評，大家對他的期望也很高，認為他必將有一番了不起的成就。他自己也制定了一個就業目標，畢業後，不是政府機關絕對不去，不是大公司也不去。而實際的求職經歷，卻磨滅了他的傲氣。屢遭打擊後，他才意識到，自己與其他普通院校畢業的學生並沒有什麼兩樣。企業不會因是名校畢業的，便無條件地向其敞開公司大門。

畢業快半年了，這位大學生仍然沒有找到一份滿意的工作。一天，他得知住家附近的夜市有一個攤子要轉讓，再加上找工作時遇到的挫折與打擊，使他徹底地放下了身段，決定從簡單的擺地攤做起。他向家人說明了心意，並「借錢」把這個攤位租了下來。他對烹調很感興趣，於是，自己當起了老闆，賣起了蚵仔麵線。他的名校畢業生的身分招來很多不以為然的眼光，但也為他招來不少生意。雖然自己是一流大學畢業的，從求職受挫以後，他再也沒有因此而感到高人一等。

現在，他仍然在賣蚵仔麵線，與當年不同的是，他的蚵仔麵線已經遍佈全國多個縣市，除此以外，他還做些投資，賺的錢要比上班族高許多倍。

「放下身段，路才能愈走愈寬。」倘若這位大學生不去賣蚵仔麵線或許也會很有成就，但無論如何，他能放下身段，還是很令人佩服的。求職者不必效仿他，只要用一顆平常心看待求職就可以了。

人的「身段」是一種「自我認同」，並不是什麼不好的事，但這種「自我認同」也是一種「自我限制」，也就是說：「因為我是這種人，所以我不能去做那種事」，而自我認同愈強的人，自我限制也愈厲害，千金小姐不願意和貧窮的女人同桌吃飯，博士不願意當基層業務員，高級主管不願意主動去找下級職員，知識份子不願意去從事體力工作……他們認為，如果那樣做，就有失自己的身分。

其實這種「身段」只會讓求職者陷入困境，自己堵住了前進的路。當然，這裡並不是說有「身段」的人，就不能找到待遇優厚、令自己滿意的工作，至少在求職過程中，會吃點苦頭，除非你具有雄才偉略、高尚的人格和無人能及的身世背景，否則，在求職過程中，勢必會吃些苦頭。像博士如果找不到工作，又不願意當業務員，那只有挨餓；如果能放下身段，願意從基層做起，說不定他們的才能會被有眼光的主管發現，為他們提供更為廣闊的發展空間。

如果想找到一份適合自己的工作，那麼就要放下身段，也就是放下你的學歷、家庭背景、身分，把自己歸到「普通人」的行列中。同時，也不要在乎別人的眼光和評價，做你認為值得做的事，走你認為值得走的路。

降低起點，從低處做起

每個人在求職時都想獲得一個好職位和高薪水，但這也要根據自己的實際情況和所處的環境來具體分析。在失業率高、主客觀條件不理想的情況下，必須時刻謹記「適者生存，不適者淘汰」的生存原則，所以，不妨降低起點，從低處做起。

阿羽原是一家公司的技術人員，由於經濟不景氣，這家公司倒閉了。重新找工作成了阿羽的首要任務，他東奔西跑地折騰了半年，依然沒有找到薪水與能力相吻合的工作。為此，阿羽經常愁眉苦臉、悶悶不樂，臉上也失去了以往的笑容。

父親語重心長地問他：「你面試過這麼多家公司，難道就沒有一個工作適合你嗎？」

阿羽說：「有，只是薪水太低了每月只有二萬多元，以我現在的能力至少也能值三萬元。」

「那也好啊！先做著嘛，你做得好老闆自然不會虧待你。」父親笑著說。

阿羽說：「二萬二，我才不幹呢，我在原來的那家公司，月薪能拿到三萬元，所以我還要找一份月薪三萬元的工作。」

父親無語，只是搖搖頭。

一會兒，父親又對阿羽說：「明天沒事跟我賣一天菜吧！」

第二天，到了菜市場，阿羽與父親把新鮮的菠菜擺在貨架上，很快就有一名中年婦女來問：「你這菠菜多少錢一斤？」

父親說：「二十塊一斤。」

中年婦女說：「整個市場就你家的貴，別人都賣十七元一斤，能不能便宜點？」

父親說：「我這裡的菠菜是整個市場最好的，不能降價。」中年婦女撇撇嘴走開了。

後來發生的情況和剛才的相差不多，接連幾個人問過價後，都紛紛走開了。阿羽有點兒著急了，他對父親說：「我們也把價錢壓低點兒吧！」

但父親卻說：「我們的菠菜這麼好，還怕沒人要啊？不急！」這時又來個問價的。父親依然堅持自己的價錢，那人非常想要他們的菠菜，就是嫌貴，那人軟磨硬泡地說：「十六元一斤，這些菠菜我全要了。」

父親依然堅持少於二十元不賣，那人只好嘆了口氣，然後走開了。

時間愈來愈晚，買菜的人愈來愈少了，全場的菜價開始往下跌，其他攤位的菜幾乎都賣完了，唯獨他家絕大部分菠菜都沒有賣出去。阿羽說：「市場都快沒有人了，我們也降價吧，這些菜放到明天就不新鮮了。」

但父親依然固執地說：「不行，我們的菜這麼好，不能降價。」

就這樣，父親堅持不降價出售菠菜，結果所有的菜只能扔進了市場的垃圾箱。

回家的路上，阿羽埋怨父親說：「早上人家出十六元時為什麼還要堅持啊，賣掉不就好了嗎？也不至於都浪費了啊！」父親笑笑說：「是呀，早知道就將菜價的起價放低一點了，只可惜現在那些菜，只能躺在垃圾桶裡，毫無用處了。當時還不如降價賣了它，還能為別人的餐桌增添一道美味。」阿羽還要說些什麼，卻被父親打斷了，他繼續說：「看看你自己，再看看那些菜，你們的處境不是一樣嗎？」

有了父親的教導與賣菜的經歷，阿羽明白了很多道理。第二天，他便找到了一份月薪二萬二千元的工作。

法則 5

人欲信辭欲巧，用話語打動主考官

「人欲信，辭欲巧」，把話說得更動聽，是一種本事。每位求職者都應該培養這方面的能力，力求在面試過程中，以動聽的語言觸動主考官的心弦，讓主考官留下深刻的印象，從而為贏得應聘職位，打下堅實的基礎。

說好開場白

面試時有句話叫做「前三分鐘定終身」，言外之意是告訴求職者要說好開場白。得體、大方的開場白，能讓主考官留下較好的印象，為順利通過面試發揮鋪墊的作用。

實際上，面試是一個交際過程，想要與主考官輕鬆、順利地交談下去，就必須掌握一定的說話技巧，說好開場白就是眾多技巧中的一個。良好的開場白能拉近雙方距離，活絡談話氣氛，為進一步交談奠定基礎。每一位求職者，在面試前都應準備一份能讓考官留下深刻印象的開場白，這對獲得應徵職位有很大幫助。

文超是一位年輕且有幹勁的青年，大學畢業以後，他很輕鬆地就在一家私人公司謀到了一個職位。工作一段時間後，文超感覺在小公司裡工作，不能使自己得到較快的發展，於是，他決定到大公司去碰碰運氣。一次偶然的機會，文超得知某一家中法合資企業正在招聘董事長助理。文超懷著試一試的心理，參加了面試。在接待室裡，他看到其他求職者都風度翩翩、氣宇不凡，有的還能講一口流利的法語，文超頓時覺得希望渺茫。但是，好強的性格不允許他就此退縮，他想：反正都來了，那就姑且一試吧。

正在這時，人事部經理叫到了文超的名字。他禮貌地敲了敲人事經理辦公室的門，經允許後才推門進入。人事經理示意他坐下，並要求他用法語進行自我介紹。這一測試對文超來說並不是多麼困難的事情，十分鐘後，文超順利地通過了第一場面試。負責第二場面試的是該公司總經理，文超進門後，總經理並沒有給他出什麼刁鑽的問題，只是讓他用中文談談對應徵職位的看法。文超唯妙唯肖地描述、豐富華美的辭彙，深深打動了總經理，因此，他順利地通過了第二關面試。

關鍵時刻終於來臨了，最後這一關，主考官是該公司董事長。不一會兒，他被叫進董事長辦公室。剛進門，文超的視線就被董事長辦公桌上的一盆花吸引住了，這是一簇橘黃色的非洲菊，插在玻璃花瓶中，散發出一絲法國情調的浪漫氣息。

文超不由自主地脫口而出：「好美的花啊！好溫馨的工作氣氛。」

董事長面帶微笑地對他說：「你好，年輕人，請坐。」文超頓時覺得有些不好意思，因為他只顧欣賞花，卻忘記了與董事長打招呼。董事長似乎看出了文超的心思，對他說：「沒關係，年輕人，看得出來你也喜歡這種花。」文超堅定地點點頭，說：「是的，我非常喜歡，這叫非洲菊，通常白顏色的較多，這種橘黃色的卻是很少見。」

董事長顯然對文超產生了好感，他對文超說：「我很喜歡這種顏色，因為它與我頭髮的顏色很相像。在辦公室裡擺放這樣一盆花，能渲染出浪漫氣息，正好符合我們法國人追求浪漫的特點。」說罷，董事長自豪地笑了笑。

接下來的談話顯然輕鬆了許多，文超講述了自己以前的工作經歷，包括對職位、職責的理解。董事長也為他介紹了該公司的歷史背景、規模、工作範圍以及薪水待遇等問題。當雙方談到東西方文化區別時，文超說：「我認為，美國人總是精神激昂，富有信心和勇氣；而歐洲人則顯得非常紳士，含蓄且彬彬有禮。」董事長聽後哈哈大笑起來，並對文超的話表示贊同。

面試持續了一個多小時，兩人在融洽的談話氛氛中握手道別了。兩天後，文超接到了該公司董事長的電話，通知他三天後到公司報到。文超高興得合不攏嘴，但他心中始終有個疑問：為什麼自己能打敗其他競爭對手，比自己優秀的大有人在，難道是因為自己的運氣比較好嗎？

運氣對求職來說固然重要，但文超的成功並不單單取決於運氣，其主要原因在於，他以溫馨的開場白創造了一個良好的談話氣氛，打破了主考官與應聘者之間那種劍拔弩張、似敵非友的緊迫感，瞬間拉近了彼此之間的距離，這為接下來的順利交談搭建了一座堅固的橋樑，為面試成功埋下了一顆善意的種子。

有些求職者不知道如何才能將開場白說好，當然這要因情況而定，不過，也有一定的規律可循：

第一，不能缺少寒暄、問候。

寒暄、問候在面試過程中是一個不可小視的環節，雖然只是簡簡單單的幾句問候，卻能發揮烘托談話氣氛的作用。任何求職者都不能否認，第一印象往往決定著面試的成敗。倘若能給主考官留下良好的第一印象，無論是言談舉止還是穿著打扮，都將直接影響到你被錄用的機率。眾所周知，大多數企業在招聘過程時，都要求應聘者透過電子郵件將個人簡歷發送到企業主的郵箱中。應聘者接到面試通知，說明企業主已經審核了你的背景且給予你面試資格。此時，求職者應將面試重點放在吸引考官的注意力上，而寒暄、問候性的語言就能幫助求職者達到這一目的。

第二，注意提問的方式。

有些時候，主考官會將提問的主動權交給求職者，此時，為了不破壞談話氣氛，求職者還應注意一下提問方式，一般涉及到考官隱私的問題不能問，涉及公司股份的問題不能問，總之一些不合身分的問題，盡量不要問。

第三，選擇輕鬆的話題。

面試氣氛往往是比較嚴肅的，主考官一般會根據應聘者的簡歷，提出幾個相關問題，依據求職者的回答內容判斷其是否符合應聘職位。此時，求職者如果單一的與主考官聊這些正面話題，通常情況下，不能排除面試場合中的緊迫感，影響面試效果。為了緩解緊張的談話氣氛，求職者可以談些輕鬆的話題，如個人興趣愛好、外語水準、將來的生涯規劃等。要知道，任何一個企業主都希望招聘到一位各方面素質都較強的人才，而談這些輕鬆的話題，則能很好的體現出一個人的涵養，為主考官進一步瞭解你的能力，提供便利條件，這是一舉兩得的做法，何樂而不為呢？

談主考官感興趣的話

面試過程中，怎樣用語言吸引主考官的注意力已成為人們愈來愈關心的問題，也是每位求職者都渴望掌握的技巧。無論何人，在傾聽別人說話過程中，都偏愛自己感興趣的部分，所以，求職者不妨說些主考官愛聽的話，說不定能為順利就業增加一些機會。

說主考官感興趣的話，並不是告訴求職者要學會阿諛奉承、溜鬚拍馬這一套，而是用足夠的知識與技巧表現自己。通常情況下，身為一名主考官，最感興趣的問題，莫過於求職者是否能勝任應聘職位。求職者應抓住這一點，把話說得符合主考官的口味。

林雨大學畢業後，和其他求職者一樣，奔走於人力市場中。可是，由於求職者過多，競爭異常激烈。林雨為了找到一份與新聞專業相關的工作，吃盡了苦頭，在多次被拒絕之後，一家報社的主管終於答應給她一次面試機會。這對林雨來說，實在是太難得了，她做好了充分的準備，決定將自己的才華展現給該報社主管看。

兩人見面後，林雨把在學時期曾發表過的作品，以及在校期間取得的榮譽證書全部擺在報社主管面前。該報社主管面無表情地打量著林雨的一舉一動，不時發出一聲「嗯—嗯—」。林雨知道，這是不滿意的信號，但是這次面試對她來說太重要了，所以，她準備說些令主考官「愛聽的話」，為自己創造一次機會。

於是，她對報社主管說：「我想您不僅對傳統文化很精通，對現代文學想必也有一定的研究……」這句話果然引起了該主管的興趣，他高興地說：「你對這方面也很瞭解嗎？」林雨點點頭，說：「可以這麼說。」兩人就此話題聊了將近一個小時。最後，報社主管對林雨說：「我們報社正需要你這樣的人才，明天就過來報到吧。」

就林雨的求職過程來看：起初，林雨將自認為非常重要的東西擺在報社主管面前，不但沒有引起該主管的注意，而且還使其產生厭煩感。為什麼簡簡單單的一句話卻贏得了報社主管的讚許，且成功地獲得了應聘職位呢？其原因就在於，林雨說出了令該主管感興趣的話題，並藉著這一話題，把個人淵博的知識也表現得淋漓盡致，這不僅展現了自己的才華，也加深了主管的印象。

面試過程中，最為關鍵的問題，並不是學歷的高低、證書的多寡，而是摸清主考官最為感興趣的話題，然後借題發揮，把淵博的知識展現出來。其實，想要打動主考官的心，是有規律可循的，只要能摸清主考官「胃口」，並將揣摩與發揮適時地結合在一起，就能達到目的。不過，有些求職者，只注重揣摩主考官的心思，而忽略了發揮個人才能，這不免惹人非議，影響面試效果。

幽默是最好的表達

和諧、愉悅的談話氣氛，是面試過程中最理想的談話情境。其容易形成也容易被破壞，一句幽默的話會給柔和的談話氣氛錦上添花，而一句冒失的話則可能使談話氣氛頓時僵硬起來。

幽默具有神奇的魅力，面試中，如果能用幽默風趣的語言與主考官交談，勢必會贏得考官的好感，活躍的談話氣氛會讓主考官留下良好的印象，增加就業機率，這些都是意料中的結果。

一位留美的大學畢業生，為了生計急需盡快找到一份工作。一天，他跑到一家報社去毛遂自薦。

他剛進報社門就遇到了一位經理，他客氣地問道：

「請問你們需要一位好編輯嗎？」

經理不假思索地說：「不需要。」

大學生不死心地繼續問：「那麼記者呢？」

「也不需要，我們這裡現在什麼空缺也沒有。」經理不耐煩地回答著。

大學生笑嘻嘻地說：「那麼，你們一定需要這個東西。」經理抬頭一看，只見他手裡拿著一塊精緻的牌子，上面寫著：「額滿暫不雇用。」

經理對大學生的機智幽默產生了興趣，使立刻打電話把這件事情報告老闆，隨後，對大學生說：「如果你願意，就到我們報社的廣告部工作吧！」

這位大學生之所以被錄用，是因為他那幽默的推銷方式最終打開了求職大門，在一家原本沒有空缺的公司，找到了適合自己的工作。他的求職經歷中，體現出這樣一個至關重要的問題——幽默是打動主考官的最佳方式之一。

談吐幽默的技巧有很多，是學之不盡的。最重要的是要講究分寸、注意場合。要使幽默達到一個良好的效果，就不要刻意挖苦和嘲笑別人，以免讓主考官誤認為你在侮辱他，這對面試沒有任何幫助。

另外，還不能嘮嘮叨叨地說個沒完沒了，幽默語言是非常精練的，而不是一味地滑稽、俏皮，無止境的幽默。一味地滑稽會使主考官認為你是一個吊兒郎當的人，讓主考官留下不良印象。而無止境的幽默，也會使語言失去幽默的魅力。

幽默雖然有很多好處，但也有一定的忌諱，例如，不能裝腔作勢、刻意刺激別人，也不要牽強附會、含糊其辭、低級庸俗、油腔滑調等。

幽默的語言最容易讓人接受，無論是活絡氣氛，還是發表嚴肅的條款、律令，或者是回擊別人都是一個有效的工具。在幽默面前，原本鋼硬的東西也會逐漸失去了稜角，變得具有韌性，使人在快樂中逐漸接受，且不會受到傷害。

精言妙語破難關

在多數人眼裡，面試是求職過程中最為困難的一道關口，此話的確不假。有些求職者為了順利通過面試，使出了渾身解數，但還是以失敗而告終。當然，有人歡喜有人憂，儘管面試過程十分困難，但仍然有很多人能輕鬆過關，其原因並不是他們的運氣比較好，而是運用了一些面試技巧，機智巧對主考官的話，就是眾多技巧中實用性最強的之一。

頭腦清醒、思維敏捷可以說出一些精言妙語。面試過程中，求職者應時刻保持沉著、冷靜，以便應對考官的測驗，用巧妙的話化解刁鑽的提問。

二〇〇二年，「巧克力之父」弗斯貝里的公司登陸中國市場，於是，他發佈了一則徵才廣告，希望能在當地招到一批人才加盟他的公司。廣告內容是這樣的：請你用一句最簡潔的話，總結出以下四位著名人士究竟想說些什麼。

第一位著名人士是愛因斯坦。愛因斯坦畢業於蘇黎世聯邦工業大學，一九五四年四月二日，是該大學建校一百週年，愛因斯坦應邀回母校進行演講。在演講中，愛因斯坦說了這樣的幾句話：「我的學習成績並非很好，只處於中等水準，按學校的標準，我根本不能算是一位好學生，但是後來我才發現，忘掉在學校裡學到的東西，剩下的才是教育。」

第二位著名人士是諾貝爾物理獎得主之一丁肇中。他畢業於台灣成功大學，一九八四年六月四日，丁肇中回母校進行演講，在接受學生提問時，他說：「據我所知，在獲得諾貝爾獎的九十多位物理學家中，還沒有一位在學校裡經常考第一，經常考倒數第一的，倒有幾位。」

第三位著名人士是比爾．蓋茲，一九九九年三月二十七日，比爾．蓋茲應邀回母校哈佛大學參加募捐活動，有位記者向比爾．蓋茲提了這樣一個問題：「您願不願意回到哈佛大學繼續學習，直到取得哈佛大學的畢業證書為止？」比爾．蓋茲只是對這位記者微微一笑，沒做任何回答。

第四位著名人士是美國總統布希，二〇〇一年五月二十一日，美國總統布希回到母校耶魯大學領取法學博士學位證書，由於他當年的學習成績普通，被問到具體感受時，布希說了一段意味深長的話，他說：「我要對那些取得優異成績的學生說一句『做得不錯，繼續努力』；對那些成績相對差一點的學生說一句『你可以去當總統了』。」

由於公司待遇優厚，而且是跨國公司，許多求職者紛紛報名參加了應聘，並絞盡腦汁地思考這四位著名人士話語中的弦外之音。

二〇〇三年三月十日，「巧克力之父」弗斯貝里的北京分公司正式開幕了，當天，他只邀請了一位求職者參加了公司的開幕典禮，其餘幾百名求職者都未被錄取。被錄用的這名求職者是這樣總結這四位著名人士的弦外之音的：

「學校裡有高分低分之分，但校門外沒有，校門外總是把校門裡的一切打亂重整。」

這句巧妙的回答使他敲開了職場大門，順利地獲得了一份稱心如意的工作。

語言是與人交流的一種工具，在任何領域裡都不能缺少。與人交際過程中，精言妙語能加深彼此的瞭解、增進雙方的感情、擴大人脈關係、擺脫不必要的麻煩；在求職過程中，精言妙語能打動主考官的心，突破面試這一難關。

自圓其說，彌補口誤

生活中出現一些口誤，或許不會產生太大的負面影響，但在面試過程中就不同了。一句話說不好，就可能會讓考官留下不良的印象。所以，求職者必須具備自圓其說的本事，才能彌補面試中的口誤。

口誤問題，說大不大，但說小也不小。面試過程中，如果說了主考官不喜歡聽的話，而且不能及時補救，那麼口誤就成了大問題；但如果能自圓其說，把錯話說對，那麼，口誤便成了面試中活絡氣氛的小插曲，不會引起考官的不滿。

一名剛畢業的大學生到一家日商公司求職，面試過程中，主考官遞給大學生一張名片。由於緊張，大學生竟然把主考官的名字弄錯了，他說：「騰野木石先生，作為一位日本人，能背井離鄉來華創業，精神與勇氣非常令人欽佩。」主考官微微一笑說：「我姓騰，名野拓，是一位道地的中國人。」

大學生感到非常難為情，但是聰明機智的他，用自圓其說的方法，彌補了自己的口誤。

他說：「對不起，您的名字使我想起了魯迅在日本求學時的老師——藤野先生，他教給魯迅許多為人處世的方法，讓魯迅終身受益。今天能得到您的指點，我感到非常高興。希望在今後的日子裡，能時常得到您的教誨。」滕先生讚許地點點頭，這位大學生如願以償地被錄用了。

這名大學生自圓其說的本事可稱得上「高明」，他將自己的口誤嫁接到魯迅先生的老師藤野先生上，並巧妙地表達了自己希望得到這份工作的意願，這使主考官感到非常滿意。

面試過程中，藉由自圓其說來彌補口誤有以下幾種方法：

（一）轉移法

所謂轉移法，就是把說錯的話轉移到別人頭上。例如：「這是某些人的觀點，而我卻不這樣認為，我覺得正確的說法應該是……」這樣一來就為自己彌補口誤創造了一個很好的機會。即使主考官意識到了你的口誤，但經你這麼一說，也不能抓住你的把柄不放，因為你說的並沒有錯。

（二）轉折法

所謂轉折法，意思是說不要在出錯的地方繼續糾纏下去，而要迅速將錯誤言詞撇開，避免愈陷愈深，然後再在錯誤言詞後面接上一句：「然而正確說法應是……」或者：「我剛才那句話還不夠完善，還應加以補充……」這樣一來也就將口誤甩到了一邊，取而代之的是正確的言論。

（三）意思延伸法

意思延伸法，就是說將錯誤的意義延伸為其他的含義。當意識到自己出現了口誤時，索性繼續下去，然後把先前錯誤的意思轉變成其他含義，讓它朝正確的方向發展。值得注意的是，修改錯誤含義時，一定要選用適當的言辭，小心弄巧成拙。

（四）將錯就錯法

將錯就錯的方法並不是任何情況下都能使用，在特別明顯的錯誤面前，再將錯就錯下去，勢必會吃苦頭。也就是說，口誤出現後，在別人尚未察覺前，可以使用將錯就錯的方法，然後，逐漸將自己的言辭引向正確方向，這樣就可以在神不知鬼不覺的情況下自圓其說，來彌補自己的口誤，而且不會造成任何負面影響。

（五）借題發揮法

借題發揮，妙在一個「借」字，難在一個「發揮」上，借什麼樣的「題」，怎樣發揮，這是關鍵所在。它不是不動聲色地掩蓋錯誤，而是有意地凸顯錯處，藉機大作文章，為自己的話找到最合理的解釋。

（六）就地取材法

在面試過程中，說錯話是難免的，就像事例中的大學生一樣。當你認為錯誤無法補救時，不妨採取就地選材的方法，順著這個既定的話題繼續說下去，然後根據當時的情境自由發揮，盡量能自圓其說，把口誤彌補過來。

說話留餘地，求職機會多

「逢人只說三分話」的說話原則，不僅可用在社會交際、經商處事、日常生活中，還可以用在求職面試場合。回答考官問題時，倘若把話說得太滿，就上了考官的當，堵了自己的退路，失去就業機會也就不足為怪。

有些求職者，為了向考官表示自己的求職誠意，不惜昧著良心說話，對於考官的一些提問或者觀點，不加任何條件地一律予以肯定。這種態度正中了考官的「下懷」。其實，面試既是考官考驗應聘者的過程，也是應聘者考察企業主的過程，雙方是相互選擇的關係。你無條件地答應考官的要求，未免顯得草率、魯莽，考官很可能誤認為你態度不端正、不誠實或過於自大。

面試時，要看實際情況，不要把話說得太滿，這既給考官留下信任的空間，也為自己留了條退路。

一家著名的企業要招聘一名服裝行銷部經理，求職者們過五關斬六將後，只有三位女性進入了最後一輪面試。

為了挑選出一名最優秀的人才，該公司總經理親自接見了這三位女士。雙方見面後，總經理面帶微笑地向三位應聘者點點頭，然後說道：「妳們三位能順利通過前幾關，說明具有一定的實力。三位在前幾輪面試中的表現，我都看到了，真可謂各有千秋、各具特色啊！不過，能否順利通過我這關，還要看妳們接下來的表現了。」說罷他話鋒一轉：「我們公司主要經營項目是時尚服裝，如果讓妳們穿著比基尼泳裝站在大街上為公司做廣告，妳們願意嗎？」

甲立刻堅定地回答：「願意，如果能為公司創造更大的業績，我願意犧牲。」總經理聽完這位女士的回答後，沒有做出任何評價。

乙說：「我是來應聘行銷經理的，這樣的要求對我來說有些過分。」總經理仍然沒做任何評價。

丙說：「做廣告的目的是為了擴大公司知名度，按照中國人的傳統觀念，穿著比基尼泳裝站在大街上，不符合東方人的審美價值標準，倘若在國際舞台上，人們還能接受，更何況這種宣傳方式未必能發揮轟動效果。貴公司實力雄厚，如果想把產品推向市場，我願意獻計獻策。」

總經理聽後微微一笑，繼續問：「倘若妳們被錄用，願意在我們公司做多久？」

甲說：「我很喜歡這工作，我會長期做下去。」

乙說：「我和甲的想法一樣。」

丙說：「我從小喜歡穿漂亮的衣服，如果能被錄用，我會感到非常高興，並願意獻出我的全部智慧，把工作做得更好。我始終堅信一點：一位有用武之地且能獲得相應回報的人，是世界上最幸福的人。」

總經理聽完三位應聘者的話後，走到丙面前，說：「恭喜妳，妳被錄用了。」

該事例中，總經理提出的兩個問題，顯然是為了考驗求職者而設計的兩個圈套。與丙的回答相比，甲、乙的回答顯然不夠聰明，且犯了一個非常嚴重的錯誤——話說得太滿，結果掉進了總經理設下的圈套中，最後失去了就業機會。

與考官說話，不同於與家人、朋友交談，要三思而後言，別把話說得太滿，以免誤入考官設下的「陷阱」。一旦被考官抓住「話柄」，面試結果便可想而知了。

把話說得太滿就像將杯子倒滿了水，再也裝不進一滴水，再裝就溢出來了一樣。當然，也有人把話說得很滿，而且也做得到，並且做得很好。不過凡事總有意外，而這些意外並不是人能預料到的，話不要說得太滿，就是為了容納這個「意外」。杯子留有空間就不會因加進其他液體而溢出來。人說話留有空間，便不會因為出現「意外」而下不了台，從而可以從容地脫身。

正因為有這樣的意識，一些政府官員在面對記者的詢問時，都偏愛用這些字眼。諸如：可能、盡量、或許、考慮、評估、徵詢各方意見……等，這些都不是肯定的回答。他們之所以如此，就是為了留一點空間容納「意外」，否則一下子把事情說絕對了，結果事與願違，那不是很難堪嗎？

有一位求職者鬧出了這樣一個笑話：

這位年輕人想在大發明家愛迪生的實驗室裡謀得一個職位，恰巧愛迪生需要一名得力的助手，於是就接見了他。年輕人向愛迪生表明了來意，並雄心勃勃地表達了自己的壯志，他說：「我一定會發明出一種萬能溶液，它可以溶化一切物品。」愛迪生聽完以後，便問他：「那麼你想用什麼器皿來裝這種溶液呢？它不是可以溶解一切嗎？」年輕人頓時無言以對，只得低頭離開了。

有責任心的求職者，不會把話說得太滿，以下的狀況是你在說話時應該注意的：

（一）對考官的問題不要給予肯定的回答，但要把話說圓，那些「保證」、「絕對」、「肯定」極端的字眼最好不要使用。

（二）對考官交待下的任務，不要說「保證沒問題」，應代以「應該沒問題，我會全力以赴」之類的話。這是為萬一自己做不到所留的後路，而這樣說，事實上也無損你的誠意，反而更顯出你的謹慎，別人會因此更信賴你，但一旦沒做好，也不會責怪你。

法則6

累積經驗，憑能力站穩腳跟

一位哲人說：「職場猶如一條船，每個人都應做好掌舵的準備。」這裡所說的準備，是告訴人們要鍛鍊好個人能力。在工作中，要用能力參與激烈的職場競爭，要清楚，機會只青睞有準備的人。

工作不忘學習

每位老闆都喜歡積極向上的員工。其實，工作本身就是一種學習，只是學習性質、學習地點發生了改變。這種學習，涵蓋了專業知識與實踐經驗，已不再是只學習簡單的書本知識了。求職者應透過實踐來應用學到的知識，提高自己實際工作的水準，這樣才能盡快成長。

找到工作後，把所有精力全部放在工作上，固然是一個好現象，但是也應抽出一定的時間來學習，不斷地提升自己。要知道，工作與學習是相依而存的。一個人如果只注重工作而忽視了學習，其創造力必然會有所下降，跟不上企業發展步伐，這是一件很危險的事。輕則影響升遷、薪水，重則會丟掉飯碗。

只工作不學習會影響個人能力的提高，因學習而耽誤工作也是不正確的做法。倘若一個人僅僅有豐富的理論知識，卻不能將其應用在實際工作中，不過是紙上談兵，既不能提高工作水準，也不能用理論知識來指導工作。只有把理論與實際結合起來，才是累積經驗的最佳方法，順利升遷則是遲早的事。

工作中的學習，比學校中的學習更為重要，這是驗證理論知識掌握程度的一個重要過程，也是求職者對個人綜合能力的實際考察。

任剛大學畢業後，很快就在一家國際貨運公司找到了一份業務員的工作。面試合格後，老闆要求他在三個月內熟悉公司業務流程，爭取順利地轉成正式員工。任剛在學期間，學的是國際貿易，四年的大學學習生活，使他對未來充滿了憧憬。現在，作為一名海運部業務員，平時主要工作是：聯繫客戶、開憑據單、確定裝船發貨時間等。

轉眼一個月過去了，任剛對工作的最大體會可總結成六個字：簡單、枯燥、乏味。同時他也清楚地意識到，想要做一名出色的業務員，並不是一朝一夕就能做到的事，必須一步一腳印地走下去。雖然工作簡單、枯燥、乏味，但是卻能考驗出一個人的耐性與毅力。由於剛入門，他手裡的客戶不多，每天只是跟著前輩出去拉業務，向前輩學習如何與客戶洽談。

任剛非常羨慕那些老業務，他們可以在談笑間將業務拉到手，而自己能做的，就只有去銀行取送匯票，提著貨樣到商檢局進行檢測，這與在學期間想像的情形相差甚遠。不過，積極向上的任剛並沒有因此而放棄努力，他對自己說：「一名好的業務員，需要不斷地學習，想要提高業務水準，必須做好吃苦準備，一邊學習，一邊應用在實務上。」若想提高自己的成績，只要在考試時，背些基本理論，做些練習題就可以了，但是掌握知識卻不像提高成績那麼簡單。想要做好一名業務員，必須累積豐富的經驗，而這些經驗要靠不斷地學習才能獲得。

試用期很快就結束了，任剛雖然沒有拉到客戶，但是卻學到了許多經驗，公司主管決定將他轉為正式員工。這一決定讓任剛感到很驚訝，自己沒有為公司創造任何價值，為什麼會得到這樣的待遇呢？他將自己的不解告訴了老闆。

老闆和藹地對他說：「在這三個月的時間裡，你有什麼收穫？」任剛說：「我學到了很多東西，雖然沒有拉到客戶，但是我相信，這三個月裡所學到的知識，一定會在我日後的工作中發揮作用。同時，我還領悟了一個道理：作為一名業務員，必須把工作與學習結合起來，這樣才能有所發展。」老闆滿意地點點頭，說：「這段時間你的努力，我都看到了，我很欣賞熱愛學習的員工。」

隨著時間的流逝，任剛一邊工作一邊累積經驗，他逐漸掌握了工作中的一些要領。半年後，公司業績排行榜上，也出現了他的名字。

在工作中不斷學習是職業發展的基本需求。在校時，老師傳授給你的是理論知識，大部分經驗還需在工作中獲得。基於此，許多求職者都希望進一家體制比較健全，發展較為成熟，能夠提供系統化、職業化、規範化學習機會的大企業工作，這種想法是非常明智的，只有不斷學習才可以使自己強大起來。

旭明現在已成了某外資企業人力資源部經理。五年前，與其他求職者一樣，他帶著一身的書生氣，到人力市場上找工作。現在，他已經由一名求職者，變成了一名招聘者。在招聘過程中，旭明表達了自己的看法，他說：「求職者的能力對企業來說固然重要，但最為重要的是，求職者可以將工作與學習結合起來，以此提高個人能力。」

旭明的觀點是正確的。社會在不斷進步，企業也跟著形勢不斷發展，因此，個人能力也應該逐漸提升，否則，會有被淘汰的危險。求職過程中，應聘者的初始能力，並不一定是企業主關注的，企業主最關心的是，應聘者是否具備較強的學習能力，能否將工作與學習結合起來。由此可見，邊工作邊學習的能力，對於求職者來說是非常重要的。

一些處在試用期的員工，大多數會產生茫然的感覺。在人際關係、業務水準、專業技能等方面，他們都無法與正式員工相比，因此，出現了不適應工作環境的症狀。此時，最好的解決辦法就是學習，透過不斷的學習來提高自己的工作能力，逐漸適應工作環境。

上班的第一天，既是工作的開始，也是學習的開始。一家好企業就是一所學校，在這裡，可以學到許多老師無法傳授的知識。個人能力是在學習過程中不斷提高的，想一蹴而就，是不太可能的事。必須不停地學習，不斷地累積經驗。

求職者是否具備邊工作邊學習的能力，在工作中可以檢測出來。每家企業都會根據具體的情況，制定出一段試用期，目的在於考驗求職者是否能勝任本職工作，是否可以將理論與實踐地結合起來。倘若求職者的個人能力與應聘職位的要求相差不多，就能透過不斷學習來彌補自己能力的不足，企業主管也會願意為求職者提供一個學習的平台；不過，當求職者既沒有能力做好應聘職位所要求的工作，又不懂得透過學習來彌補自身的不足時，那只有被淘汰了。

透過學習，身處試用期的求職者可以盡快地提高自己的工作能力，具體表現在如下幾方面：

（一）學習使技術與業務能力不斷增強

技術與業務能力，是求職者必備的兩種能力。求職者在技術水準薄弱、業務能力欠缺的情況下，如果不加強學習，即使順利地通過了面試，在試用過程中，也會被淘汰。

（二）學習可強化組織與規劃能力

人的組織與規劃能力並非與生俱來的，而是透過後天的學習、培養才逐漸得以完善。如今有許多求職者認為，組織與規劃能力，是領導者應該掌握的技能，作為一名求職者，只要做好本職工作，就萬事大吉了。因此，疏於學習這方面的技術。就當前企業來說，任何一位管理者，都希望能招聘到一些既懂管理又懂技術的人才。由此看來，求職者的這種認知似乎有些欠妥，為了能提高就業機率，必須不斷學習，累積工作經驗，這樣才能把工作做得更好，贏得老闆的讚賞。

（三）透過學習，提高溝通與交流能力

提高溝通與交流能力，換言之，就是提高語言表達能力，既要懂得如何正確表達個人想法，又要懂得如何聽取他人的意見。職場中的人際關係非常複雜，一名優秀的員工，應該能應付各種複雜的人際關係，並且具備良好的說服能力。同時，在節奏逐漸加快的職場中，以往各謀其事、各負其責的工作方式，已經被合作所取代。在這種情況下，同事間如果不能進行有效的溝通，工作便會缺乏動力，就會影響工作效率。求職者應盡速學習溝通與交流能力，以免在工作中因個人原因而影響大局。

（四）學習可提高創新能力

創新是企業發展的靈魂，無論是管理者還是員工，一旦缺乏創新能力，企業便少了向前發展的原動力。提高創新能力，要建立在大量閱讀書本知識、收集並獲得廣泛資訊、發揮個人想像力的基礎之上。求職者在意識到以上情況的前提下，應博覽群書、累積經驗，盡快提高創新能力，力求符合公司不斷發展的要求。

以上四點即是學習帶來的好處，剛剛步入職場的求職者如果透過學習掌握了上述幾種技能，便會很快適應工作環境，工作起來自然會得心應手，贏得主管的好評。在此基礎上，成功就業便不是多麼困難的事了。

學習不是一勞永逸的事情，工作中也好、生活中也罷，都不能停止學習。聰明的求職者會以不斷學習的方式，使自己盡快適應工作環境；普通的求職者會在失敗中記取教訓，以此來適應工作環境；不願意學習的求職者，不懂得變通，最後只能等著被淘汰。

向資深人員求教

剛畢業的大學生，初入社會工作，對各項要求及工作要領，都缺乏充分瞭解，工作經驗就更是微乎其微。為能盡快進入工作狀態，把工作做好，並順利地通過試用期，應本著謙虛的學習態度，多向公司內的資深人員學習，快速提高個人能力。

累積經驗的方式有很多，其中，向資深人員求教，是提升個人能力、累積工作經驗最直接最有效的方法。其實，許多資歷較深的老員工都喜歡積極向上的新人，為了公司的長遠發展，他們會十分樂意地將自己多年來累積的工作經驗傳授給新人。

一個人所獲得外界幫助的大小也影響著其能力的強弱。聰明、有理想的求職者能透過種種方法，向資深人員學習一些工作經驗，並以此來完善個人想法，彌補能力上的不足，達到提升工作能力的目的。

反之，那些平庸無能的求職者，往往不懂得向公司內的前輩請教，儘管對公司狀況、工作流程、營運方式一無所知，卻仍然愛惜顏面，不願意張口求教，結果被老闆誤認為是工作能力不足、不善於向他人學習、不會處理人際關係，此時，等待他的很可能是「炒魷魚」，辛苦得到的工作機會，可能就在這不懂學習不會學習的過程中失去了。

有些自命不凡的求職者，把自己的獨斷獨行視為一樁值得驕傲的事，對向資深人員學習嗤之以鼻，認為那些老員工的工作經驗，早已跟不上時代發展的潮流，不值得一學，其實這是非常荒謬的想法。有時候，老員工主動為他們提供工作經驗，他們卻不屑接受。殊不知，自己錯過了提升能力的好機會。

一些剛進職場大門的新人，看到那些資歷較深的老同事，能夠獨斷獨行而百無一失，便萬分羡慕。其實自己對此只知其一不知其二，他們之所以工作起來能得心應手，正是虛心求教、多方累積經驗的結果。那些資歷較深的老同事在初入職場時，與絕大多數新人一樣，經驗不足、工作能力較低，但他們樂於向資歷較深的老員工請教，所以在日後的工作中，他們可以遊刃有餘。這種積極學習的精神，值得那些正在求職或者工作尚未穩定的在職者們學習。

皮埃爾擔任美國一大型公司總經理時，一天晚上，公司發出緊急通知，要求公司上下所有員工全部投入到緊急的工作當中，總經理皮埃爾先生也不例外。

當時，皮埃爾命令一名新來的員工幫忙套信封，這名新來的員工認為做這種事情有損他的身分，便對一位老員工說：「我不願意做這種事，我應聘的是秘書職位，這些工作不在我的工作範圍之內。」這位老員工拍拍他的肩膀說：「總經理的脾氣很倔，他最討厭別人和他討價還價，而且，公司正處在緊急狀態，每個人都應盡最大的努力工作，無論是否屬於本職工作，都應盡力把它做好，你的這些想法最好不要讓總經理知道。」這位新來的小夥子沒有把老同事的話放在心上，仍然不肯工作。不一會，皮埃爾走到他的面前，非常客氣地對他說：「為什麼不開始工作呢？」這名新人說：「這不是我職責範圍之內的事，我不想做這種有失身分的事情。」皮埃爾聽完後，勃然大怒，生氣地說：「好吧，既然做這件事對你是一種侮辱，那麼就請另謀高就吧！」

於是，那名年輕人只好離開，他去過許多地方，參加了多次徵才博覽會，換了好幾份工作，但是始終沒有找到一份適合自己的工作。

將分外工作「扛」下來

不要把分外工作當成一種負擔，一些分外的工作對提升個人能力、豐富個人經驗有百利而無一害。

工作中，有時候不僅要做好分內的事情，還要承擔一些分外的工作，不要抱怨多做了事，其實，這是一個鍛鍊自己的好機會。一些分外的工作不僅能幫助你通過工作上的種種測試，還能幫你應對工作中遇到的某些難題或突發狀況，由此贏得老闆的讚許。

拿破崙·希爾曾經聘用了一位年輕小姐當助手，替他拆閱、分類及回覆大部分私人信件。當時，她的工作是聽拿破崙·希爾口述，記錄信件的內容。她的薪水並不比其他從事相關工作的人高。

有一天，拿破崙·希爾口述了下面這句格言，並要求她用打字機把它打下來：「記住：你唯一的限制就是你自己腦海中所設立的那個限制。」當她把打好的文件交給拿破崙·希爾時，她說：「你的格言使我獲得了一個想法，對你我都很有價值。」

這件事並未在拿破崙・希爾腦海中留下特別深刻的印象，但從那天起，他發現，自己的這句格言，改變了助手的工作態度。每天用完晚餐後，她都會回到辦公室，從事一些與她本職工作無關且沒有報酬的工作，例如，幫助拿破崙・希爾回覆公文，並把寫好的回信整齊地放到拿破崙・希爾的辦公桌上，等待他的修改。

漸漸地她已經掌握了拿破崙・希爾的回信風格，因此，這些信回覆得跟拿破崙・希爾自己寫的沒有什麼兩樣，有時比拿破崙・希爾寫得還要好。她一直保持著這個習慣。一天，拿破崙・希爾的私人秘書辭職了，他希望找位合適的人接替私人秘書的工作，此時，他很自然地想到了這位小姐。只不過，在拿破崙・希爾尚未正式宣佈這一決定之前，她已經主動承擔了這項工作。由於她每天下班後，都要做一些分外的工作，這使她有資格擔任拿破崙・希爾身邊一個最好的職位。不只如此，這位年輕小姐的辦事效率也得到了提升。拿破崙・希爾曾多次為她調漲薪水。有時，她還曾幫助拿破崙・希爾解決一些「意外」的工作，結果往往令拿破崙・希爾非常滿意。拿破崙・希爾逐漸發現，自己已經離不開這位得力的助手了。

這種積極地做好分外工作的做法是一種不斷進取的表現，這位年輕小姐正是憑著這種精神才使自己脫穎而出。拿破崙・希爾告訴人們，進取心是一種極為難得的美德，它能驅使一個人在不被吩咐應該去做什麼事之前，就能主動地去做應該做的事。胡巴特對「進取心」作了如下的說明：「這個世界只願對一件事情贈予大獎，那就是『進取心』。」

有些人不屑做那些分外的工作，特別是對於一些零星小事；有些人認為做這些事是在浪費時間。其實，這些瑣碎小事也能鍛鍊人，也可以提升個人能力。例如，端茶倒水，這是人人都會做的事，只是大多數人都不願去做。雖然，這件小事並不是某個人的本職工作，但如果能把這件分外的工作做好，不但能提升交際能力，還能訓練察言觀色的本事，這對做好自己的分內工作有很大助益。

能力是金，證書是銀

與過去不同，現在是單憑一大堆證書、文憑也吃不飽的年代。在現今的求職過程中，手捧金光燦燦的各種的證書顯得疲弱無力。憑藉高文憑或證書就能找到一份好工作的時代，已成為了過去式，取而代之的是用能力找工作。

有句話說得好：「傾聽是金，雄辯是銀。」用在求職場上，也可說成是「能力是金，證書是銀」。當前，許多企業已經忽略了學歷與證書的效力，將注意力轉移到求職者的實際工作能力上，這為許多有能力，但沒學歷、沒證書的求職者打開了一條成功就業的通道。

某中美合資企業要招聘一名總經理助理。田麗與其他求職者一樣，帶著簡歷以及各種證書，前往該公司面試。不過，與其他求職者不同的是，田麗並不符合招聘要求，她沒有英語四級證書。可是，這家公司的規模、福利待遇，對田麗充滿了誘惑。她一直嚮往到大公司工作，也為此做了很大的努力。

到了該公司樓下，田麗被高級、氣派的辦公大樓吸引了，她更加堅定了求職的信心，她為自己鼓了鼓勁，然後就走進了大樓。

公司的一名接待人員將所有應聘者安排在會客室內等候面試。不一會，人事主管宣佈了一則規定，他說：「請各位仔細察看本公司的招聘要求，如有不符合的，請大家自覺離開，以免耽誤個人以及公司的時間。」說完後，便轉身離開了。

田麗反覆地研究徵才啟事，她各方面條件都符合，唯獨沒有英語四級證書。她知道，想要進合資企業工作，具備英語四級證書是最基本的要求。田麗開始後悔起來，後悔自己不該來這裡碰運氣，當她抬頭觀望時，發現會客室裡的人已經少了一半。於是，田麗想，既然來了，就試試吧，無論如何要堅持到最後一刻。

沒有離開的人大都很出色，與這些人競爭，無疑要花費一番心思。只見幾名應聘者進去時都自信滿滿的，彷彿獲得這個職位是易如反掌的事。可是，從總經理辦公室走出來後，個個垂頭喪氣，顯然是沒有順利過關。

當總經理叫到田麗的名字時，她頓時緊張起來，她用發抖的雙手將各種資料放到總經理的桌子上。外籍總經理看完田麗遞過來的簡歷和各種證書後，用蹩腳的中文對她說：「你大概忘記帶英語四級證書了。」田麗滿臉通紅地說：「對不起總經理，我不是忘記帶了，而是根本沒有英語四級證書。」

這位總經理用異樣的眼光上下打量著田麗，似乎她是一名「外星人」。隨後，他叫來工作人員請田麗出去。此時，田麗用流暢的英語激動地對總經理說：「證書能說明什麼？我雖然沒有四級證書，但是我能用英語與外國人進行很好的交流。總經理就憑我沒有證書就否定我的能力，未免有些偏激。作為一名助理，注重的是口頭表達，並非書面上的一些東西……」

外籍總經理聽完田麗的這段話後，先前嚴肅的表情已經被笑容取代了。他用中文對田麗說：「妳說得很對，證書並不能說明什麼，雖然妳沒有四級證書，但妳是我面試過的應聘者中最出色的一位，歡迎妳加入我們公司。」

許多人因為沒有文憑、證書而失去了求職的信心，這使大好的就業機會與自己擦肩而過。其實，沒有文憑或證書的求職者，同樣具有就業的資格，只要有能力擔任應徵職位，就應該學習事例中的田麗，大膽地向企業主展現自己的能力。

當前，學歷與證書只能發揮「敲門磚」的作用，能否成功就業，還要看個人能力的強弱。在求職過程中，出現了許多高分低能的人，這些人空有高學歷、各項專業證書，但一旦投入到工作中，就顯得心有餘而力不足了。相反，許多求職者沒有較高的學歷，也沒有任何證書，但卻能憑藉個人的實力，把工作做得井井有條。

相信每個企業都不願意花費重金，去聘請一位高分低能的人。相較之下，那些擁有實力的人更能贏得企業主的青睞。

由此可見，學歷、證書並不能完全說明一個人的實際能力與水準，企業在招聘員工時，也不會以學歷高低、證書多寡來選拔人才。許多人會產生這樣一種想法：既然學歷、證書沒有用處，為什麼招聘單位還要求求職者出示學歷證明或各種證書呢？

這裡並不是吹捧「學歷無用論」的說法，招聘單位之所以讓求職者出示學歷證明以及各種證書，目的是希望透過這些外在的東西，瞭解求職者受教育的情況。不能否認一個事實：一位受過高等教育的人，其整體素質要高於沒有接受過高等教育的人。素質低、品行差的人，即使能力再強，相信招聘單位也不會聘用。

讓實力說明能力

打官司講求證據，求職面試同樣需要陳列實例，說得再好聽，沒有真憑實據證明自己的實力，也很難令主考官信服。

幾十分鐘甚至是一、兩個小時的面試時間，並不能檢測出求職者的實際水準。只有將應聘者放在實際工作中，或透過相關實證，主考官才能為應聘者的實力打分；否則，只能憑藉初步的印象對求職者下一個初步的斷定。

一提到找工作，君浩就怒從心來。一晃大半年過去了，他沒有找到一份稱心如意的工作。眼看著同學們都已整裝待發，準備踏上工作崗位，而自己投寄出去的履歷卻如石沉大海，杳無音訊。每提到這些，君浩就感覺自己非常倒楣，不知道是自己的要求太高，還是應徵的公司看不上自己。

他想，自己憑藉一口流利的英語，怎麼就找不到一份像樣的工作呢？雖然上大學時，君浩所學專業是電子工程，但他對這一專業提不起一點興趣，更不用說從事與專業相關的工作了。他只想進一家大型的貿易公司，他相信憑藉自己的英語水準，可以順利地與外國人輕鬆自如地打交道。可是沒有一家大型貿易公司願意給他面試的機會，這讓君浩真正體會到懷才不遇的感覺。

君浩就是根據興趣尋找工作的求職者，這種方式對他的就業帶來了一些困難。雖然他天天在網路上投簡歷，卻從沒有接到過面試通知。原因在於他所學專業與應聘單位的要求不符。招聘人員遇到這樣的情況，便不假思索地將求職者淘汰了，這就是君浩失敗的最大原因。

後來，君浩意識到了這一點，在投簡歷時，順便把在英語方面取得的成績，如英語等級證書、榮譽證書以及曾經為別人翻譯過的英文資料等，以影本的形式寄給了招聘單位。君浩幾乎每天都能接到面試通知。最後，他終於找到了一家大型貿易公司，實現了自己的夢想。

現實生活中，許多人都按照自己的個人興趣、愛好找工作，也有的人因為興趣而成就了一番大事業，這是一個不爭的事實。

因此，就出現了一個矛盾：在自己不喜歡的領域裡，取得了某些證明個人能力的具體資料；而在喜歡的範圍內，卻沒有實際物證來證明個人的能力。就企業角度來看，評價一位求職者能力強弱、是否適合應徵該工作崗位的關鍵因素，就是所學專業是否與崗位要求相符合。在這種情況下，如果求職者想從事與所學專業不對口的工作，必須出示一些具體實證，以及證明個人能力的資料，以此可以告訴主考官，自己完全有能力勝任應聘職位。君浩的例子，就是一個很好的說明。

求職者在考慮就業去向問題時，雖然可以參考個人的興趣愛好，但是，也應做好克服困難的心理準備。要拋開自己的專業找工作是一件非常困難的事情。首先要克服的困難是，企業主的信任和認可問題。求職者不必因此而埋怨企業主的苛刻，企業主要求苛刻是可以理解的，因為，招聘者與應聘者之間不存在任何聯繫，雙方從未謀面，更談不上相互瞭解，單憑一張個人簡歷，根本就不能說明任何問題，哪怕簡歷做得再精緻，都很難讓企業主信服。更有甚者會懷疑你簡歷真實性。畢竟，招聘單位沒有親眼見過能證明個人能力的確切資料或成功案例。

而從事一些與專業對口的工作就不一樣了，企業主只要看到你的成績證明或者畢業證書，就能判斷出你的水準，以及是否符合崗位的要求。所以說，求職者如果想選擇與專業不相關的工作，就應該拿出挑戰困難的勇氣。

倘若所學的專業與個人的興趣愛好恰好相符，這種情況是再好不過的了。這樣一來，在求職過程中，可以減少許多阻礙。現今的人力市場中，出現了「複合型人才」這一新名詞，但是現實與希望之間總是存在一些差距，這種「複合型人才」畢竟是少數。有些按照興趣找工作的求職者，已經意識到了企業主的招聘傾向，所以不敢貿然嘗試，害怕失敗。對於企業而言，總希望能招到既對應聘崗位感興趣又與所學專業相吻合的人才，這樣便於和該行業中的業者溝通，也有利於在工作中發揮出最大的潛能，為公司創造出更高的價值。因此，求職者把自己的能力證明展現出來，就提供招聘者一些資訊，就可能獲得展現自己能力的機會。

竭盡全力，把工作做好

無論從事什麼樣的工作，都應本著竭盡全力的原則，只有這樣才可以把工作做好。否則，找工作時的艱辛很可能就白費了。

竭盡全力做好工作是一種職業美德，具備了這一美德可以找到一份好工作，也可以把自己的工作能力表現出來。有一份英國報紙刊登了一則招聘教師的廣告，其中有這樣一句話：「工作雖然輕鬆，但要竭盡全力，盡職盡責。」事實上，不僅教師如此，每個人都應對工作有竭盡全力做好的想法，這是敬業精神的基礎。

無論從事何種職業，都應該把竭盡全力做好工作當成一種習慣，應該盡自己最大的努力，力求不斷進步。這不僅是一種工作原則，也是一種做人原則。如果沒有了職責和理想，工作就會變得毫無意義。無論身居何處（即使在貧窮困苦的環境中），如果能全心地投入工作，最後就可以獲得利益與榮譽。那些在工作上有所成就的人，在某一特定領域裡必定付出了很大的努力。

知道如何做好一件事，比對很多事情都略懂一二要強得多。美國一位前任總統在德克薩斯州的某校演講時說：「比其他事情更重要的是，要知道怎樣將一件事情做好。與其他有能力做這件事的人相比，如果你能做得更好，那麼，你就永遠不會失業。」

一位成功的經營者說：「如果你能真正製作出一枚精緻別針，應該比製造出粗陋的蒸汽機賺到的錢更多。」

許多人都曾為一個問題而困惑不解：明明自己比他人更有能力，但是業績卻遠遠落後於他人。不要疑惑，不要抱怨，先問問自己，在工作領域裡，你確信自己沒有混水摸魚嗎？如果對這些問題無法做出肯定的回答，那麼這就是你無法獲勝的主要原因。如果一件事情是正確的，那麼就大膽而竭盡全力地去做，如果它是錯誤的，就乾脆別動手。

如果一個人認為小事情不值得認真對待，那麼，他做任何事情都會漏洞百出。生活中存在著這樣一種人：他們從來都不去認真整理自己的文件和書信，而是將自己所有的文件和信件散亂地堆放在書桌上。這樣的人辦事缺乏條理，不講究秩序，思維也不周密，他們根本搞不清自己的立場、原則和態度，別人對他們也會失去信心。久而久之，會產生消極情緒，認為自己是個沒用的人。這樣的人怎能竭盡全力做好工作呢？

等待這種人的往往是失業，家人和同事也會為他們感到沮喪和失望。如果這種人獲得了某一重要職位，將會造成更惡劣的影響，其下屬也必定會受這種惡習的傳染——當他們看到上司不是一個精益求精、細心周密的人時，會漸漸馬虎起來。這樣一來，個人的缺陷和弱點就會滲透到整個團體中，這必定會影響公司的發展。

做事無法善始善終的人，其心靈上亦缺乏相同的特質。他不具備竭盡全力做好工作的好習慣。因此，個性不鮮明，意志不堅定，無法實現個人目標。一面貪圖玩樂，一面修道，自以為可以左右逢源，但結果往往是，不但享樂與修道兩頭落空，還會後悔不已。

做事一絲不苟能夠迅速培養嚴謹的品格，獲得超凡的智慧。它既能帶領普通人往好的方向前進，更能鼓舞優秀的人追求更高境界。

無論在哪一領域找工作，都必須養成竭盡全力做好工作的好習慣，在特定的工作崗位上盡自己最大的努力。人一旦領悟了全力以赴的真正含義，就能意識到成功就業的秘訣。於是，便獲得了打開成功就業大門的鑰匙了。能時常以竭盡全力的態度工作，即使從事最平庸的職業也能增添個人榮耀。

鑽研所選行業，力求精益求精

每位老闆都希望雇用能工巧匠，都喜歡把工作交給一個技術嫻熟的人。所以，無論從事什麼行業都要盡可能加強自己的專業知識，把自己打造成一個專業精通的人。

實際生活中，許多人都有應付的心理，認為只要能把老闆敷衍過去，自己的任務就算完成了，薪水就可以順利到手了。殊不知，這是對工作、老闆、自己不負責的表現。這樣做的後果不但會讓老闆對你產生負面看法，而且還會使自己養成得過且過的壞習慣，形成不思進取、不務正業的不良工作態度。

例如，那些技術半生不熟的泥瓦工和木匠，他們將磚石和木料隨意拼湊起來去建造房屋，但是在房屋尚未售出之前，有些卻已經在暴風雨中坍塌了；醫術不精的醫科學生，不願花更多的時間學好醫術，結果做起手術來笨手笨腳，帶給病人極大的生命危險；律師在讀書時不注意培養辦案能力，辦起案件來漏洞百出，讓當事人白白花費金錢……這些都是不稱職的表現。無論從事什麼職業，都應設法努力鑽研，盡量使自己工作起來熟練而得心應手。每一位在職場中摸爬滾打的人都應記住：下決心使自己掌握所在領域中的所有知識，在技術上高人一等。如果做到了這一點，榮譽、利益自然會跟隨而來。

某人向一位資深人士求教關於個人努力與成功之間的關係，他說：「我不知道其他人是如何做的，我的原則就是，無論從事什麼行業，擔任什麼職位，都要使自己成為行內高手。」如果對自己的工作沒有付出努力，又怎能因自己的失敗而責怪他人、責怪社會呢？無論從事哪種工作，最需要做到的就是「精通」二字。就算大自然也要經過千百年的進化，才能長出一朵豔麗的花朵和一顆飽滿的果實。有些年輕人隨便讀幾本法律書，就想處理一樁棘手的案件，或者聽了兩、三堂醫學課，就急於做外科手術，這怎麼可能呢？

學生時代一旦養成了混水摸魚、心不在焉、懶懶散散的壞習慣，運用一些小伎倆來應付考試，企圖欺騙老師蒙混過關的人，步入社會以後，在自己的工作崗位上也很難做到「精通」二字。這樣怎能將工作做好呢？

盡快適應工作環境

當今社會，形形色色的人如潮水般湧進了人力市場，每個人都想找到一份適合自己的工作，這就注定了競爭的存在，而且競爭大有加劇的趨勢。作為求職者的你，倘若不能盡快適應這一環境，很可能會被其他人取代，自己辛苦得來的果實，就可能會成為別人的「大餐」。

瞭解狼的生存方式的人都知道，在茫茫荒原上，即使是寒風四起，嚴寒來襲，狼仍然可以承受。因為狼從出生的那一天起，就承受著惡劣環境的折磨，狼為了生存下去，為了能成為草原上的強者，牠們努力使自己適應殘酷的環境，所以，牠們才可以在無論多麼艱難的環境中都可以生存下來。如果能把狼的這種生存方式應用到職場上，成功就業將不是一件困難的事。

夢喬是一位剛剛畢業的大學生，她希望能在大城市找到一份適合自己的工作。經過努力，夢喬被一家外資企業看中了，並獲得了試用的機會，夢喬為此興奮不已。在現在這個競爭激烈的時代裡，擁有碩士、博士文憑的人多不勝數，而她一名本科畢業生竟然能進入外資企業，而且從事管理工作，的確是一件令人興奮的事。更讓她高興的是，如果能順利度過三個月的試用期，她就可以按照合約，在公司工作三年。

這樣優厚的福利待遇激勵著夢喬努力工作，她決定在試用期內好好表現，爭取能成為該企業的正式員工。上班的第一天，由於碰上塞車，夢喬遲到了五分鐘。人事主任什麼話也沒說，下班後卻將她留下，為她上了一堂課，並要求她每天提前半小時到達公司，做好工作前的準備，如：打掃辦公室，為大家準備好茶水。當時，夢喬只想能順利轉為正式員工，所以，非常爽快地答應了。

第二天，夢喬按照人事主任的要求早早地來到了公司，掃地、擦桌子……，等其他同事都到了以後，夢喬以為可以休息一會了，不料令她不滿的事情發生了，夢喬儼然成了名副其實的打雜工，其他同事都專心的做著自己的事，而她卻被指使得頭暈眼花。不是這個請夢喬幫忙辦某事，就是那個請她幫忙做事，整個上午辦公室裡最忙的就是她了。夢喬雖然心裡不滿意，可是想到自己正處於試用期，就默默地忍受了。

三個月過去了，夢喬已經成了正式員工，那些雜事她再也不用做了。

由夢喬的就業經歷看，許多人認為她過於逆來順受，其實，在某些時候，這也是成功就業的一種方式。初來乍到的求職者，在試用期內免不了要遭受這樣的「待遇」，此時如果不能盡快適應工作環境，而是意氣用事，很可能便丟掉就業機會，那麼先前的努力也就白白浪費了。

某家報社要招聘一名記者，馬莉絲特是某大學新聞系的畢業生，希望能得到這一工作職位。面試時，該報社為應聘者出了一道難度很大的題目：採訪美國可口可樂公司總裁。

美國可口可樂公司總裁日理萬機，不會輕易接受記者採訪，為了完成任務，眾位應聘者使出了渾身解數，馬莉絲特也同樣如此。她知道作為一名新聞記者必須要盡快適應工作環境，在第一時間內搶到大新聞，可是這只是書本上講的內容，至於實際操作，這還是第一次。接到這樣一道考題，馬莉絲特已不願再多想什麼，不管企業主是刁難也好，還是在考驗他們也罷，只要能採訪到美國可口可樂公司總裁就行了，否則她就無法得到這份工作。

她透過種種關係和可口可樂公司的高階管理人員接觸，但所有的工作都是徒勞，她根本無法進入可口可樂公司的管理階層，每次拜訪都被秘書直接攔下了。馬莉絲特的情緒漸漸低落下來。可是，為了得到這份工作，她還是強迫自己振作起來，想辦法採訪到美國可口可樂公司總裁。

她清楚地明白，作為一名新聞記者，隨時隨地都可能會陷入困難當中，不能被眼前的困難嚇倒，盡快適應這種艱難的工作。如果自己不能適應這種工作環境，就無法成為一名合格的新聞記者。

一次偶然的機會，馬莉絲特得知可口可樂公司總裁應邀到某大學演講。馬莉絲特認為這是一次千載難逢的好機會，當她看完詳細資料後才知道，可口可樂公司總裁只在該大學停留三十分鐘，而且還要進行演講。由此看來，完成採訪任務似乎是不可能的，但是馬莉絲特仍然想試一試。於是，她趕到了演講現場。

她與其他人一樣，站在人群中靜靜地等待總裁的到來。不一會，總裁如約而至，馬莉絲特快速地穿過人群，跑到總裁面前，氣喘吁吁地說：「總裁先生，我是一名實習記者，您能不能給我五分鐘時間，哪怕時間再短也可以。這次採訪對我來說非常重要，它很可能決定我的命運。」

可口可樂公司總裁對馬莉絲特的這些話感到好奇，同意演講結束後，給她五分鐘的採訪時間，馬莉絲特心滿意足地回到人群當中。其他人向她投來了鄙夷目光，似乎在說：「像妳這樣的人也能和總裁交談？」

「總裁怎麼會把和妳的約定放在心上？」馬莉絲特想到總裁或許會忘記與她的約定，不由擔心起來。於是她鼓起勇氣在紙上寫下了一句話，提醒總裁答應過接受她的採訪，並擠出人群，悄悄把紙條交給了總裁。

這一招果然奏效，不一會兒總裁便宣佈演講結束，並接受了馬莉絲特的採訪，而且對她說：「妳是我見過的最勇敢且最具個性的新聞記者。」

完成任務後，馬莉絲特興高采烈地回到該單位，並將對可口可樂公司總裁的採訪稿交到了主考官手上，結果與她意料中的一樣，她被錄取了。

法則 7

掌握機會，關鍵時露出絕活

托爾斯泰有句至理名言：「沒有智慧的頭腦，就像沒有蠟燭的燈籠。」求職中的「障礙」很多，求職者要發揮自己的智慧，點亮心中的蠟燭，適時地展露自己的才能，為自己贏得主動權。

摸準企業主的需求

眾所周知，某件產品只有符合消費者的口味，才能夠順利、迅速地打開市場，企業用人也是遵循同樣的道理。求職者面試前，必須摸準企業主的「需要」，才能投企業所好，順利地得到應聘職位。

有人把找工作比喻成找對象，認為只有雙方情投意合才能走在一起，這個比喻確實很有道理。一個人即便才高八斗、學富五車，若不是招聘單位需要的類型，也不會被錄用。為了提升就業機率，求職者應瞭解企業主的招聘需求，爭取讓企業主留下一個好印象。

一家報社要招聘一名記者，弘儀是十名入圍者中的一員。身為一名剛出校門的大學生，無論從學歷、工作經驗上看，弘儀都很難與其他競爭對手相比，唯一值得提到的一點是，他曾經主編過校內校報。

面試前，弘儀找出該報社的幾份報刊，仔細琢磨該報刊的風格、特色、定位以及主要專欄等，盡量做到心中有數，她還記下了一串常在報紙上出現的編輯、記者的名字。

面試時，當考官問他：「你瞭解我們的報紙嗎？」弘儀把對該報的認識詳細地講了一遍，包括它的風格、特色、定位及可以再加強之處等方面，還列舉了一些編輯、記者的寫作風格和專長。

說罷，弘儀拿出該報社出版過的報紙，放到主考官的面前。考官被報紙上的紅色筆跡吸引了，原來，弘儀早已對這份報紙做了修改，修改內容包括：用詞、錯字、語言緊密性、題文不符等。主考官與其他評委們都對弘儀的做法感到很吃驚。

面試結束時，弘儀才知道，在座的幾位評委都被他提到了，而且評價得相當準確。最後，弘儀把自己主辦過的校報挑了幾份，分發給各位評委，請他們提出寶貴的意見，並說：「就當給我們學校做個廣告。」評委們都不由地對眼前這位剛出校門的大學生產生了好感。一個星期後，弘儀接到了該報社的錄用通知。

那麼，究竟怎麼做才能摸準企業主的「脈」呢？不妨看看以下內容：

（一）瞭解不同企業的類型

通常情況下，企業可分為三種類型。首先是「運作型企業」，其主要特點是，強調事情的完整性，要求員工在工作中要講究方法、注重工作品質。求職者去這種類型的企業應聘時，應該將自己在這方面的能力充分地表現出來。

其次是「產品型企業」，其主要特點是，比較重視新產品的開發，或舊產品的不斷完善，要求員工具有創新意識、思維敏捷、工作有方。求職者到這種公司應聘時，想要方設法滿足企業要求。

再次是「客戶型企業」，其主要特點是，公司運作主要是以客戶為中心，要求員工必須具備良好的溝通能力，擅長與人打交道，能恰到好處地處理好各種複雜的人際關係。到這種類型的企業應聘前，求職者必須加強溝通能力，提升交際水準。

企業的類型不同，其決策、管理等方式也會出現較大的差異。從決策角度來說，「運作型企業」的決策權掌握在公司主管手裡，按照從上到下的方式，依次排列。這種類型的企業注重結果，表現為：工作效率高、管理井然有序。「產品型企業」只要求員工具備創新能力。在這種類型企業裡，員工發揮主導作用。「客戶型企業」可以用一句話來概括其決策方式：「顧客就是上帝」，顧客的意見，就是企業的意見。從管理角度而言，「運作型企業」比較注重合作，企業強調的是以較低的成本，創造最大的價值，要求員工必須注重做事的方式方法，對工作品質要求極其嚴格，在這種類型的企業工作，員工會產生壓迫感。當然，任何事情有壞的一面，自然也會有好的一面，這種類型的企業，管理制度比較完善，在此工作可以學到管理方法。「產品型企業」的工作環境較為舒適，員工可以在一個不受外界因素干擾的環境中工作，其薪水待遇也相對優厚一些。「客戶型企業」能夠滿足員工與客戶近距離接觸的需要，有種諮詢公司的風格。

（二）搞清不同類型的企業對簡歷的要求

企業類型不同，對簡歷的要求也不同。求職者在瞭解企業類型後，應對簡歷做一番調整，使簡歷風格能「入鄉隨俗」。

國度不同，風俗習慣也存在一些差別。英語國家的企業對簡歷的要求是：言簡意賅、開門見山、言之有物、語言富有生氣。求職者到英語國家企業面試時，要在簡歷開頭寫明求職意向、具體的時間以及表現個人才能的具體數字等，簡歷內容不能過多，最好在一張紙上寫清所有內容。

例如，到美商公司求職時，求職者最好要在簡歷上附一份工作經驗證明，把自己的詳細工作經驗清楚地寫在紙上，不要忘記在簡歷的末尾寫上這樣一句話：本人將在某一時間打電話給主考官，詢問是否能得到面試機會。值得注意的是：到美商公司面試過後，千萬不要忘記給接見你的主考官寫一封感謝信，因為，他們將這一行為視作文明禮貌、工作認真、做事有始有終的表現。

到日資企業應聘，在簡歷的開頭，最好要把個人的工作經驗、為人處世的能力、性格特點、個人愛好及特長等寫明，日本人注重的並不是領導才能，而是與人溝通合作的能力。在書寫經歷時，最好按照時間順序把細節寫清楚。

（三）摸準企業老闆的風格

其實，想要找份好工作並不是一件難如登天的事，只要能摸準企業老闆的「脈」，對症下藥，就能如願以償。倘若在尚未搞清企業管理方式之前，就貿然行事，只會一頭霧水地瞎撞，這對成功就業沒有任何好處。

在美商公司裡，不會出現論資排輩的現象，只要員工能為公司創造績效，就有機會得到提升，也就是說，在美商公司工作，要拿成績說話。美商公司的老闆比較民主，希望員工有話直說，所以，到美商公司面試時，不妨直抒己見，把個人意見直截了當地告訴主考官，不必唯唯諾諾、人云亦云。美商老闆比較喜歡自信、有「野心」的員工。因此，在回答美商老闆問話時，最好收起那種謙虛謹慎的態度，例如：「我會虛心向他人請教，多方累積知識」等；要把自己的理想表達出來，例如：「我希望得到晉升機會，或在幾年內做到經理的職位」等。此時，美商老闆會對你的勇氣與決心給予讚賞。

日資老闆在經營公司時，喜歡將公司的內部管理以及工作安排劃分得非常細密。然後，再讓員工按照規定，按部就班地完成任務。日資老闆不喜歡標新立異，他們希望員工能按照自己的意識進行工作。因此，到日資企業求職時，求職者最好能以謙恭的態度，呈現在考官面前。值得注意的還有一點：由於日資結構較為細密，求職者還應注意個人的形象。男士要穿西服打領帶，女士著套裝、化淡妝，面試過程中所需資料，必須準備齊全，切忌現場翻找。

英資老闆對員工的個人修養要求非常嚴格，特別是學歷背景及工作經歷。到英資企業去面試，求職者的簡歷應嚴格按照要求書寫，要把個人的修養體現出來。在言談舉止間，要體現出風度與涵養。個人簡歷要用英文書寫，把自己所接受的教育經歷按照時間的順序寫清楚。

（四）分析企業業務背景

事實上，大多數企業都希望所聘用的員工，能對企業業務有一些充分的瞭解，這樣方便在日後可以比較快速地熟悉工作環境。面試過程中，主考官比較喜歡問的一個問題就是：「你對公司的業務瞭解嗎？」其實，主考官的目的無非是想知道，應聘者對應聘公司業務的掌握情況以及應聘態度。求職者或許認為企業主這樣做過於挑剔，不過，站在企業角度來看，這也是情理之中的事。

求職過程中，如果不對企業的業務背景有個大致的瞭解，甚至不清楚企業究竟是做什麼的，就貿然向該公司投簡歷或參加面試，遇到尷尬局面也就不足為怪了。有些求職者甚至都不記得向哪家企業投過簡歷，就更不用提瞭解企業業務背景了。

之所以會出現這樣的結果，是因為求職者沒有正確求職心態，沒把找工作當成一件大事來對待。這種「大面積撒網，小面積捕魚」式的求職方式，效果往往不會太好。不如有針對性地選擇幾家適合自己的公司，面試前分析該公司業務背景，做好充分的準備，這樣成功的機率反而會有所提升。

求職者應瞭解企業哪些業務背景呢？不妨從以下幾點出發：

第一，知道企業具體是做什麼的。

在求職前，應對企業經營的業務進行分析，清楚該企業究竟是做什麼的，然後根據個人具體情況，分析企業的招聘崗位是否與個人專業或興趣相符，核查個人條件是否與招聘要求相符，最後判斷是否要向該公司投簡歷。

第二，知道自己到底向哪幾家公司投過簡歷以及應聘的具體職位。

企業的招聘對象，是符合招聘崗位需求的人才。求職者在求職前，必須清楚自己向哪幾家企業投了簡歷以及應徵的相關職位，然後，將個人情況與企業要求相對照，在雙方情況比較吻合的情況下，再做好下一步的準備工作。

第三，透過管道瞭解企業業務。

大多數公司在招聘時，會將公司的大體情況公佈在網站上，求職者可以透過網站掌握公司的基本情況，包括：企業成立的時間、企業的規模、主要業務等，瞭解一些對自己有用的資訊，對於面試有很大的幫助。

開拓思路，創造機會

但凡成功就業的人，大多是思路廣、點子多的人。現代企業主管，比較欣賞這樣的員工。

俗話說得好：「吃不窮穿不窮，算計不到才受窮。」這句話說得非常有理。現如今，企業面臨著殘酷的競爭，因此造成了求職者間競爭日益激烈的局面。通常情況下，企業不願雇用僅憑體力工作的員工，而非常重視那些善用頭腦工作的人。由此看來，無論在面試過程中，還是在工作過程中，求職者都應盡力開拓思路，爭取創造更多的就業機會。

許多人都聽說過「把梳子賣給和尚」的故事，其中反映出一個耐人尋味的道理：

一家規模頗大的公司，準備招聘一名銷售總監，徵才啟事打出後，慕名前來應聘的人把人事部擠得水洩不通。幾場筆試過後，入圍者只剩三人，主考官給三位應聘者出了一道題目：十天之內，誰能盡量多地把木梳賣給和尚，誰就被錄用。

三名應聘者非常不解，不明白主考官為什麼要出這樣一道題，和尚連頭髮都沒有，又怎麼會買梳子，這不明擺著捉弄人嗎？但是，抱怨歸抱怨，既然已經過五關斬六將地「拚殺」到了這個地步，還是設法把木梳推銷出去。十大期限很快就到了，三個人回到該公司報告情況：

第一位應聘者說：「這些天，我費盡了千辛萬苦，每見一位和尚，我都會向他介紹木梳的好處。大多數和尚都罵我是瘋子。不過，昨天下午，我在一座寺廟門前，看到一位小和尚，正在用手抓頭皮，我急忙走上去對他說：『小師父，用手抓頭皮不衛生，我這有一種優質木梳，你用它刮一刮，會感覺到舒服。據科學研究證明，用木質的梳子按摩頭皮，有利於促進智力，會令你更加聰明的。』聽我這麼一說，小和尚買下了一把……」

第二位應聘者說：「這幾天，我特地去了一座古廟。古廟坐落在一座高山之上，當香客到廟裡進香時，頭髮被風吹得非常凌亂，看到這種情況後，我便找到了該廟的方丈，說：『方丈大師，貴寺廟坐落在山頂上，前來燒香拜佛的香客們抵達山頂後，頭髮被強勁的山風吹亂了，如果能在每個香案上放上一把木梳，讓那些善男信女們在拜祭前，先整理一下儀容，這也是對佛祖的尊敬啊！我這裡有一批優質的木梳，方丈大師，不妨購買一些。』結果賣出了一百把……」

第三位求職者說：「為了盡量多推銷出木梳，我做了充分的準備。經過多方打聽，我得知在一處山裡，有一座香火十分旺盛的寺廟。燒香拜佛的香客絡繹不絕。於是我便找到了廟裡的方丈，對他說：『我知道方丈大師的書法遠近聞名，如果能在木梳上寫上「積善梳」這三個字，並把其當作贈品，送給那些善男信女們，我想一定可以大大擴大貴寺的知名度。更何況，前來本寺燒香拜佛的人，大多有一顆虔誠的心，將這種梳子送給他們，又可叫做送佛心。這裡的山風很大，方丈也不想看到香客們蓬頭垢面地給佛祖上香吧，這是對佛祖的不敬。』方丈被我的話說動了，當場向我訂購了一千把木梳……」

由這三名應聘者的推銷經歷來看，第一位用的方法是以情感人，向和尚們講了長篇的大道理，結果還被誤認為是瘋子，木梳也只賣出了一把。

第二位應聘者比第一位的成績要好一點，他改變了推銷策略，從香客儀容的角度出發，說服方丈購買他的木梳，結果賣出了一百把。

第三位應聘者是最聰明的一位，他從寺廟的知名度和香客的儀容出發，對方丈曉之以理、動之以情，最終說服了方丈，推銷出去一千把梳子。

該公司對應聘者出這道題目的目的，並不是想把應聘者難倒，而是想考驗應聘者的智慧，在這三人中，第三位求職者打敗了其他兩位，其取勝的原因就在於思路比其他兩位廣，因此，坐上了該公司銷售總監的位子。

以當前社會來說，推銷是一個比較難做的職業，想要成為一名出色的推銷員，必須具備開拓思路、創造機會的能力，這樣才能取得優異的成績。

求職者之間最大的差別不是性別、年齡、學歷、經驗，而是思路的寬與狹。思路寬的求職者能更好地把握就業機會，贏得主考官的喜愛，而思路窄的求職者想要找到理想的工作，還需費些力氣。

以上的推銷事例正應了一句古語：「橫看成嶺側成峰，遠近高低總不同。」這說明任何事物都具有多面性，站在不同的角度看，會得出不同的結果。面試過程中，考官會為求職者出各種各樣的問題，要求求職者必須仔細思考問題的突破點，開拓思路，以別開生面的回答，得到主考官的賞識。

某家日資企業要招聘兩名部門經理，應聘者看到該公司的招聘廣告後，紛紛前去應聘。主考官給到場的應聘者出了兩道題，請應聘者隨意選擇其中一題予以作答。其中一道題是這樣的：

一家生產圓珠筆的公司，經濟效益不是十分理想，由於圓珠筆芯存在品質問題，圓珠筆芯中的油墨尚未用完，筆珠就已經報廢了，因此，公司產品出現滯銷現象，如果不能盡快解決這一問題，公司將面臨倒閉。

另外一道題是這樣的：一家手帕廠以生產錦緞白手帕為主，由於市場競爭比較激烈，手帕無法順利賣出，在庫房中大量囤積。如果長期下去，該廠同樣要面臨倒閉。現在的問題是：怎樣才能將這兩家公司庫房裡堆積的產品銷售出去，使公司轉虧為盈？

對於這樣的問題，求職者們可謂是「八仙過海，各顯神通」，有的建議兩家工廠生產其他產品；有的建議更換主管；有的……主考官聽完這些人的建議後，眉頭緊鎖。這時，聖強走到主考官面前，彬彬有禮地說：「您好，我選擇回答第一題。」考官陰沉的臉上，寫滿了不悅，他不動聲色地點點頭。

聖強充滿自信地說：「生產圓珠筆的公司，既然找到了產品品質上存在的問題，就可以對症下藥，只要將圓珠筆芯截掉一段就可以了，使其在筆珠沒報廢前，將筆芯中的油墨用完，既節省了成本，又提高了產品品質，這不是一舉兩得的做法嗎？」考官聽完他的話，原本凝重的神情逐漸出現了悅色，連連稱讚「好法子、好法子」。

下一個回答問題的是與聖強一同前來的陳一桐，他大方地走到考官面前，說：「您好，我選擇回答第二道題。」考官依然面無表情地點點頭。陳一桐說：「在人們的思想意識中，手帕僅是用來擦手、擦汗的。但是，隨著手帕樣式的增多，手帕已不再是擦手、擦汗的工具了，它還可以產生出美化、裝飾作用，所以，該手帕生產廠家可以在白手帕上繡上各式各樣的圖案，這樣也可以解決產品滯銷的狀況。」主考官聽完陳一桐的回答後，面露笑容，與陳一桐握手告別了。

一個星期後，聖強與陳一桐都接到了該家公司的錄用通知。

既然要開拓思路，別開生面地看問題，就要有因事而變的本事，要做到針對問題具體分析。始終侷限在固有的思想範圍內，不敢打破常規，是無法在面試過程中脫穎而出的。只有變化和創新，才能吸引考官的注意，提升就業機率。

古人云：「反者，道之動也。」意思是說，一種反常規做法往往是萬事萬物運行規律的體現，遇事要針對問題具體分析，因事而變，絕不能一味的墨守陳規。

《草廬經略》上說：「虛實在我，貴我能誤敵。」兵法上有實則虛之謀略，然則，都沒有一定的規定，關鍵要看個人的悟性。兵者，「詭道」也，所謂「詭」和「譎」之類的詞語，在兵家眼裡是沒有褒義和貶義之分的，而這類詞語的意思就只有一個，那就是變化。在軍事上，與其說是鬥勇，不如說是鬥智。而在求職過程中，與其說鬥的是學歷高低、證書多寡，不如說鬥的是才華與智慧，求職者若能開拓思路、突破自我、打破常規，就能贏得考官的好評，從而獲取就業的機會。

不過，每個人都會「變化」，只是水準有高低之分，想要成為眾多求職者中的焦點人物，還需不斷培養個人創造力，培養別開生面看問題的能力。只有這樣，才能在求職競爭中立於不敗之地，才能找到一份適合自己的好工作。

老闆都喜歡善於思考、能主動解決問題的員工，這是不爭的事實，倘若求職者能在面試中將這一點表現出來，就可以吸引考官的注意，為自己成功就業奠定基礎。

抓住機會，即興發揮

善抓機遇固然重要，但抓住機遇不能即興發揮也是枉然。求職面試本來就是一場競技賽，比的是捕捉機遇的能力，和現場發揮的本事。求職者應捕捉、創造機會，並將其發揮得淋漓盡致。

招聘過程中，主考官要接見多名應聘者，在同等學歷、同等水準的情況下，主考官勢必會產生視覺疲勞，不能理智的做出評價，此時，聰明的求職者能在面試過程中，抓住機遇，並將其大肆發揮一番，使考官產生耳目一新、賞心悅目的感覺。

李闖是某大學畢業的學生，他在一家報社工作一年後，便辭掉原有的工作，帶著自己的作品去外頭闖天下。他從報紙上得知，某房地產公會正在招聘公會內刊記者，李闖興沖沖地趕了過去。到了現場後，李闖才發現，與自己競爭的不下二百人，而公會只招聘一名記者。由此可見，求職者對於該職位的競爭相當激烈。

在招聘現場，李闖發現絕大多數求職者的手裡，都拿著一疊厚厚的作品，其中，碩、博士、雙學位、具備多年工作經驗的資深人員大有人在，李闖漸漸感到有些不安，像他這樣資歷的人要與這些人競爭，無非是拿雞蛋往石頭上碰。但他轉念一想：既然來了，就要試一試，也可以增長一些求職經驗。

李闖坐在接待廳內的椅子上，看著等待面試的求職者，心想：「這麼多人都帶著作品前來面試，主考官僅看作品就要花費大量的時間，自然會產生視覺疲勞，此時，誰的作品能讓主考官產生耳目一新的感覺，誰就有可能勝出。」

他左顧右盼，大腦中突然冒出一個想法，當即拿出紙筆，以「虛位以待，眾人爭位」為題，現場寫了一則短文。

不一會兒，接待人員叫到李闖的名字，他從容、大方地走進了主考官的辦公室。主考官面帶倦容地說：「請談談你對報刊記者的看法。」

李闖說道：「作為一名記者，必須具備高度的新聞敏感性，能盡快捕捉新聞線索，快速寫出有價值的新聞稿件。」考官點點頭，面無表情地說：「把你帶來的作品給我看看吧！」李闖拿出剛剛寫好的稿子，放到主考官辦公桌上說：「請考官過目。」主考官吃驚地問：「你從事了一年的新聞記者，難道就這一份作品？」李闖立即解釋道：「當然不是，這只是剛剛即興發揮的一篇短文。」聽後，考官仔細閱讀了李闖即興創作出來的作品，臉上不禁露出了喜色，最後與李闖握手後，結束了面試。

三天後，李闖接到了該公會的錄用通知。

有些應聘者雖然能夠意識到在面試過程中，存在著各種各樣的機會，但是卻不能讓機會為己所用，因此，錯過了許多就業機會。

積極出擊，把握主動權

由於經濟的突飛猛進，企業間的競爭也越發激烈了。為了在激烈的競爭中站穩腳跟，企業間相互角逐，適者生存，不適者就會被淘汰。因此，企業主管們都加快了發展的步伐。求職者想要跟上時代發展的腳步，就必須主動出擊，將主動權掌握在自己手中。

每位求職者都會遇到這樣一種情況：面試結束後，企業主要求應聘者回去等通知。面對這種情況，大多數求職者的做法是等待，很少有人能主動出擊，因此，錯過了就業機會。

某公司要招聘一名部門經理，薪水待遇非常優厚，因此，前來應聘的人非常多，競爭的激烈程度也就可想而知了。四輪面試過後，只有四位得到了晉級機會。公司總經理逐一接見了他們。面試結束後，總經理對四位求職者說：「你們四位都很優秀，由於公司近一個月內比較忙，一個月後通知你們招聘結果，請各位回去等消息吧。」

一個月後，其中三位求職者接到了該公司的電話，要求他們在次日上午，到公司與總經理面談。三位如約而至，總經理面帶愧色地說：「很抱歉，讓三位白跑了一趟，遺憾的是，三位沒有被公司錄用。這是給你們的車馬費。」說罷，遞給他們每人一個紅包。

三人不知所措地問：「為什麼會出現這樣的結果？」

總經理解釋道：「我們的職缺有限，現在只需要一個人。以公司現在的實力，不會為一名職員一個月的薪金而延遲他的到職時間。公司不希望自己的員工總是處於等待狀態，在競爭如此激烈的社會裡，只有主動出擊的人才有可能抓住成功的機會。」

原來，與他們一同參加面試的另外一位應聘者，早已在該公司工作了。面試結束後的第三天，他主動給公司打了電話，他要求總經理給他一次試用的機會。出乎意料的是，總經理竟然一口答應了。由此看來，這一個月的期限，是總經理故意設下的一個圈套，他想以此來考驗求職者是否具備主動出擊的能力。

一位缺乏主動性的求職者，很難將就業主動權掌握在自己的手裡。其實，企業主並不喜歡這樣的員工。在招聘者眼中，能主動出擊的求職者往往具有很強的開拓性，能與時代同步發展。如果能招聘到這樣的人才，勢必會為企業注入新的活力，從而提升公司的整體實力。就求職者而言，一旦掌握了主動權，便省去了許多麻煩，找到一份令自己滿意的工作，不再是令人頭疼的事。

顯露多方面的才能

面試時，將自己的「多方面」才能展現在考官面前，也是提升就業機率的一種方法。現代企業比較喜歡雇用多才多藝的員工。在此情況下，面試者如果能將專長以外的才能表現出來，對獲得應聘職位大有裨益。

現代企業對員工的要求是，既能在本職工作上做出成績，最好還能掌握一些其他領域的知識，雖然不用達到行行精通的程度，但至少應該做到瞭解。這就要求求職者應將自己培養成「複合型」人才，才能使自己與公司的招聘要求相吻合。

明啟是一位剛剛走出校門的大學生，為了找到一份適合自己的工作，明啟參加了許多徵才博覽會。

一天，一家大型雜誌社通知他前去面試，中文系畢業的明啟，滿懷信心地到了該雜誌社。不料，眼前的情景打消了明啟的自信心。前來應聘編輯職位的求職者共四十多名，其中，有二十多名求職者具有研究生學歷，還有十多名求職者具有多年相關工作經驗，明啟想，自己只是一個普通的本科生，又沒有工作經驗，根本沒辦法與其他人競爭。

第一輪面試後，明啟便打起了退堂鼓，沒有信心再繼續坐下去。第二場面試的主考官是該雜誌社的總編輯，正當他準備給應聘者出題時，秘書慌慌張張地推開接待室的門，對他說：「總編，電腦壞了，有一份非常重要的資料急著用，但列印不出來，這該怎麼辦？」總編說：「打電話請人來維修吧！」秘書點點頭，轉身便要離開，這時，明啟站起來說：「讓我試試吧，我懂一些這方面的知識。」

總編雖然心生懷疑，但因情況緊急便同意了。一個小時以後，電腦恢復了運作。總編對此感到非常意外，沒想到一名文科畢業的學生，竟然對電腦如此精通，的確令人驚訝。其實，明啟不但懂得電腦維修與管理，還會使用多種軟體。在校期間，他曾負責學校機房的維修與管理，沒想到這一小小的技能，在面試過程中卻有機會表現出來，且得到了主考官的讚許，這令他非常高興。

兩天後，明啟接到了該雜誌社的錄用通知。

明啟在面試過程中，是非專業的才能改變了他的劣勢地位，使其在「強敵」林立的競爭中脫穎而出。有人或許會將他的成功歸功於運氣好，但事實並非如此，許多人都聽說過這樣一句話：「機遇只垂青有準備的人。」倘若明啟對電腦一竅不通，即使運氣再好，也無法與其他強大的競爭對手較量。由此可見，明啟的成功並不單單憑藉運氣，「多方面」才能是致勝的關鍵因素。

俗話說得好：「技多不壓身。」技能是生存的本錢，多掌握一些技能，對於求職有百利而無一害。隨著經濟的發展，求職競爭日益激烈，大多數求職者已經瞭解到技能的重要性，多掌握一門技術，就等於多了一個就業機會。

但凡聰明的求職者，在面試過程中，都會想方設法將自己的「十八般武藝」展現出來，以此來為自己創造更多的就業機會；但有些愚鈍的求職者，只會按照主考官的意見，將個人在應聘職位方面的才能表現出來，要知道，既然被通知前來面試，大多數人都已經符合應聘職位的要求了，與他們相比，你應該表現出一些他人所不具備的特點或者優勢，這樣才不至於被埋沒。

巧借外力，完成任務

實際工作中，老闆注重的往往是工作結果，至於如何完成工作，老闆一般不會追問。求職面試中的筆試測驗也一樣，主考官往往比較注重試卷的品質，求職者可以利用考場內的一切資源，力求高品質地完成任務，當然，也要杜絕那些不良行為。

學習中的考試與求職中的測試之間的區別在於，出題者的心態不同。老師希望透過考試，檢測學生們掌握知識的狀況，要求學生單憑個人能力，獨立完成試題；主考官則希望透過考試，檢測求職者是否具備應變能力，是否能以靈活的思維處理工作中的實際問題。所以，對求職者如何完成測試題沒有過多要求，他們反倒不欣賞那些「本本分分」、「老實答題」的求職者。當然，這並不是鼓勵求職者們互相抄襲，採取不正當的手段應付企業主的測試，對於這一點，求職者應該端正心態，正確看待。

某專營汽車零件的外資公司要招聘一名經理助理，具體的徵才要求是：大學以上學歷，具英語六級證書，思維敏捷，具有靈活應變能力等。外語系畢業的小趙看到徵才廣告後，決定去碰碰運氣。

與他一同參加面試的還有二十幾個人，主考官將他們叫到公司的接待室內，並發給他們每人一份英語資料，要求他們在兩個小時內，將資料準確地譯成中文。小趙拿到資料後，頓時感到有些力不從心，因為，資料中涉及到許多有關汽車的專業術語，要將它們在規定的時間內準確地翻譯成中文，確實有一些難度。

小趙看了看其他應聘者，發現他們對這些專業術語也束手無策。偶然間，小趙發現，主考官桌子上擺放著一本英文字典，他彬彬有禮地走到考官面前，說：「對不起，打擾一下，我能借用一下您的英文字典嗎？資料中有幾個單詞不太清楚，我想查閱一下。」主考官面帶微笑地將字典遞給了小趙。結果，只有小趙在規定時間內完成了翻譯工作，而且翻譯得相當準確。結果，三天後，小趙接到了該公司的錄用通知。

透過這一事例可以看出，小趙之所以能成功地通過面試，主要是因為主考官看中了他靈活應變的能力，在自己力所不及的情況下，他善於藉助外力，在規定的時間內順利地完成了任務。這種處理問題的方法是企業主所欣賞的，由此看來，小趙被順利錄用也是情理之中的事；其他應聘者不能在規定的時間內完成任務，或許是因為忽略了考場環境，沒有發現可以利用的資源，或許不好意思開口借詞典，擔心考官會懷疑自己的能力，不能勝任應聘的職位。

因此，只好硬著頭皮往下看，結果事倍功半。

詞典是一種有效的學習工具，運用詞典，可以在規定的時間內完成任務，並沒有抄襲之嫌，也不能證明某個人的能力不足，更不是一件丟臉的事；而在規定的時間內沒有完成既定任務的意義就不同了，它不僅體現出個人能力不足，還說明求職者缺乏變通能力，這比藉助外力完成任務更令人難為情。

智慧是生存之本，無論在任何領域裡，缺少智慧的人總與機會擦肩而過。特別是在求職過程中，智慧就是致勝的關鍵因素之一，主考官都比較欣賞那些機智、靈活的求職者，換言之，不拘一格、思維敏捷、聰穎機智的人，最能吸引主考官的注意。

找出「陷阱」，對症下藥

面試時，企業主給求職者設置一些稀奇古怪問題是時有發生的事，面對這樣的問題，求職者應以良好的心態應對，做好應答準備。

在一些刁鑽的問題面前，有些求職者埋怨主考官太過無禮，認為是在故意捉弄自己，便滿懷怨氣地離開了；有些求職者老實本分地照考官的要求去做，結果往往適得其反；但有些聰明的求職者卻用慧眼識破了考官的真正用意，巧妙作答，輕而易舉地獲得了應聘職位。

聰明的求職者明白一個道理：面試過程中，那些看似刁鑽古怪的問題，往往是主考官故意設下的「陷阱」，答案並不是多麼高深莫測，只要能動動腦筋，就可以找到一條通往成功的捷徑。

某家公司對外招聘銷售人員，薪水待遇非常誘人，但招聘要求非常簡單：應聘者要具有足夠的智慧。看到這樣的招聘廣告，很多求職者都抱持著試試看的心理，紛紛報名參加了面試。

面試當天，該公司經理帶著五十多名求職者來到一座二十層高的大廈前，並為每人發了一根米尺，要求應聘者測量出這座大廈的高度。有的應聘者利用幾何知識用心地計算著；有的爬上樓頂，用米尺測量著；有的站在大廈面前發呆；有的索性離開了面試現場，認為主考官在捉弄自己。只有一位應聘者來到大樓管理處詢問，然後將正確的答案告訴了公司經理。面試結果，也就不言而喻了。

其實，獲得這類刁鑽問題答案的最佳方法，就是動腦筋，尋找捷徑，巧解難題。相信有許多人都玩過腦筋急轉彎，也知道回答這類問題不能用習慣性思維。倘若這道面試題不是出自考官之口，恐怕連小孩子都知道，這是一道腦筋急轉彎，僅用一根米尺，根本無法測量二十層大廈的高度。但在面試過程中，那些想盡各種辦法測量大廈高度的人，不免讓人忍俊不禁。

雖然說，任何人都不可能揣摩到主考官的心思，不明白主考官「葫蘆裡究竟賣的是什麼藥」，不過，求職者應該看出，主考官出此題的目的並不僅僅是想得知大廈的真實高度，其主要目的是想測驗應聘者是否具有過人的智慧。

在面試過程中，求職者隨時隨地都可能會遇到這種「古怪」的問題，這只不過是企業主要的一點雕蟲小技，求職者不要被外層的假象蒙蔽了雙眼，要仔細思考考官的真正用意，若能機智應變，就可以順利地通過面試一關。

倘若考官要你回答「本市共有多少個公共汽車站」之類的刁難問題時，聰明的求職者會這樣回答：「對不起，我不知道這個問題的確切資料，但是，如果這個資料對公司來說非常重要，我會到交通部門去查，然後再把準確的答案告訴您。」因為他知道，主考官出這樣的題目，並不是希望得到問題的確切答案，而是希望求職者能動動腦筋，提出一個巧妙的解決答案。

注重小細節，方有大收穫

現代社會對人的要求愈來愈高，既要承擔家庭責任，又要承受工作壓力，想要找到一份稱心如意的工作，往往不是一件輕而易舉的事。如果能注意一些細節問題，說不定能得到意想不到的收穫。

剛入職場大門，正處於試用期的求職者，千萬不能忽略細節問題，要知道「細節決定成敗」。聰明的人會把細節做得恰如其分，讓老闆挑不出任何毛病，為順利轉為正職奠定了基礎。

那麼，處在試用期的求職者，應注意哪些細節問題呢？以下幾點可供參考：

（I）盡快學習業務知識

有豐富的知識才能完成上司交待下來的工作。工作中的知識與學校所學的知識有所不同，學校裡學的是書本中的死知識，理論性較強，而工作需要的是實務經驗，具有可操作性。

當上司給你分配工作時，首先要進行事前準備，也就是擬定工作計畫，無論是實際做出一個計畫表，或打一個腹稿，總之，先要對整個工作進行安排，並擬定執行的具體方案等，如此才能提升工作效率，成為上司眼中的好職員。

（Ⅱ）在預定的時間內完成工作

在「時間就是金錢」的現代社會裡，具有時間觀念的人是非常受人歡迎的，尤其是身處試用期的求職者，更要注意按時完成任務。一項工作從開始到完成，必定有時間限制，而你必須在這個時間內將它完成，絕不可藉故拖延，如果能提前完成，那是再好不過的了。否則，自己在上司心目中的形象就會大打折扣，從而影響轉正。

（Ⅲ）用智慧解決難題

剛入職場大門的求職者，在工作中難免會遇到困難與挫折，這時，如果半途而廢或置之不理，上司會對你產生不良看法，這就為順利通過試用期埋下了一顆「定時炸彈」，如此，昔日的優良表現也就可能會付諸東流。因此，無論在工作中遇到什麼樣的困難和挫折，盡量不要找藉口，要利用智慧予以解決。

（Ⅳ）在工作時間內避免閒聊

聊天的確是人生中的一大樂事，尤其是三五好友聚在一起時，話題更是包羅萬象。但是，並非每個場合、任何時間都適於聊天，尤其是工作時間應絕對避免。工作中的閒聊，不但會影響個人的工作進度，同時也會影響其他同事的工作情緒，甚至擾亂工作場所的秩序，招來上司的責備，所以，在工作時間，絕對不要閒聊。

（V）使辦公桌保持乾淨整潔

有人說過，可以從辦公桌上物品的擺放，看出一個人的辦事效率及工作態度。桌上物品任意堆置、雜亂無章的人，工作效率不會太高，工作態度也極為隨便。相反地，桌上收拾得井井有條、乾淨清爽的人，想必是個態度嚴謹、講求效率的人，事實也的確如此。一張清爽、整潔的辦公桌，確實可以增加工作效率。另外，老闆也會認為你是一個做事有條理、工作態度良好的人，從而把你當成正式員工看待，這對順利轉正有很大好處。

（VI）離開座位時要收妥資料

有時工作進行一半，因為其他原因不得不暫時離開座位。在這種情況下，即使離開的時間再短，也必須將桌上的重要文件或資料等收拾妥當。或許有人認為，反正離開時間不長，這樣做未免顯得小題大作了，其實，問題往往會在你意想不到的時刻發生。如果丟了文件，對自己和公司都沒有好處，遺失文件已經夠頭痛了，萬一碰巧讓公司以外的人看見不該看見的機密，使公司蒙受損失，不要說轉成正式員工，就連試用期都不能做滿了。

（Ⅶ）因業務外出時要提高警覺以防洩密

商業間諜早已不是什麼新鮮名詞，更何況業務機密的洩漏往往是人為疏忽造成的。公司的員工會因業務外出，搭乘交通工具，或中途停留於某些場所，這時應提高警惕，要多加留意自己的言談舉止。即使是在下班時間與朋友會面，也應避免談及公司的事情；不要將與公司相關的文件遺忘在外出地點；當對方詢問有關公司的事情時，應該採取避重就輕的方式回答；外出辦公時，不可隨意消磨多餘的時間而出入娛樂場所。

（Ⅷ）做瑣事時要有耐心

一位缺乏工作經驗的新職員不要奢求公司將重要的工作交由自己承擔。因為，剛剛開始接手的工作往往非常雜亂、瑣碎，對於剛剛踏入社會、雄心勃勃準備一展長才的人來說，這種情況極易令他們產生不耐。

工作中需要注意的事項有很多，這裡只是簡單地列舉出幾項以供參考，初入職場的求職者應引以為戒。作為一名試用員工，應設法向資深員工學習工作經驗、知識，至於一些不良習慣，離得愈遠愈好。

從公司的角度來講，培育一名新人不容易，必須由基礎開始，讓他們一點一滴地逐漸熟悉工作內容，只有累積一定的工作經驗後，才可以對其委以重任。求職者明白了這一點，便會自覺地做那些細小的雜務了。總之，應記住，「一屋不掃，何以掃天下。」

堅持也是自信的一種表現

許多求職者都有「牆頭草」的思想，哪邊風強就順哪邊倒。這在面試過程中是要不得的。有些時候，只要認為自己的意見是正確的，就不要受外界因素的左右，應該將自己的意見堅持到底，這同樣會成為你的一個優勢。

有時候，倔強的性格也是個人的特色。在面試過程中，如果能把自己的意見堅持到底，說不定這種堅持能贏得主考官的讚許。

美芬經過艱苦比拼，才獲得與一家外資企業總經理面談的機會。但是，令人不可思議的是，兩人在面談過程中竟然爭論起來了。連在門外等候面試的求職者都能聽到他們激烈的爭吵聲，由此可知總經理的生氣程度。

總經理說：「妳的這個方案，我們公司根本就實施不了。這是一份不成熟的方案，同時也說明，妳在應徵職位時，根本就沒有仔細研究我們的招聘要求，也沒有搞清我們公司的具體運作情況。」

美芬解釋道：「您可以認為我的方案不成熟，但是您不能否定我曾經付出的努力。更何況，您只是草率地看了一眼，又怎麼能看出其中的原委？我希望您能仔細地看一看這套方案，至少我認為它是可實施的，不管這次面試通過與否，我都會堅持自己的意見。儘管它可能不是一份完美的方案，但至少是我辛苦制定的，為此我付出了許多努力。」

總經理見美芬如此倔強，然後又低頭看了看那份被他判處「死刑」的計畫方案，然後對美芬刮目相看了，因為，那份計畫方案對於他們公司而言，確實具有可行性，但是他並沒有把心中的喜悅表現在臉上，他想考驗一下眼前這位應聘者，能否堅持自己的意見。

他對美芬說：「我依然要堅持我的意見，這是一份非常糟糕的計畫方案。」

美芬繼續說：「既然如此，我想我可以離開了，我想我大概不能通過這次面試了。」說完後，她要轉身離開，當她即將出去時，忽然轉過身對總經理說：「雖然您沒有錄取我，但我希望您能仔細研究一下我的方案，希望對你們有所啟發，我對它非常自信，直到現在我依然堅信，這是一份很有價值的方案，它雖然不夠完美，但我覺得它還是具有一些參考價值。」說完她將資料放在總經理辦公桌上，然後轉身離開了。

原來，該公司在招聘時聲稱，該公司在管理方面有些混亂，希望求職者能帶著一份個人設計的管理方案，前往公司面試。因此，才出現了以上的爭吵。

一個星期後，美芬竟然接到了該企業的電話，請她在第二天早晨到公司報到。美芬非常高興，但是卻不明白自己為什麼能被錄取。當她再次見到總經理時，尚未開口，總經理就拍了拍她的肩膀，對她說：「是妳那『堅持』征服了我，妳的計畫方案確實具有可行性，我會考慮採納的。」

美芬如願以償地得到了總經理助理的職位，並在以後的工作中表現得非常出色，深得總經理的讚許。

雖然說倔強能為個人形象加分，但是，要考慮到自己的意見是否具有可行性，千萬不要盲目堅持、固執己見，以免在考官面前出醜。

其實，堅持與固執只有一線之隔，維護真理是堅持的一種表現，而明明自己的某一觀點是錯誤的，還一味盲目地堅持，這就是無理取鬧，是固執、任性的表現。

法則8

展現團隊精神，提高合作意識

某位哲學家說：「一滴水只有放進大海裡才永遠不會乾涸，一個人只有當他把自己和集體事業融合在一起時才能發會最大力量。」由此可見，團結就是力量。當前，許多企業主管也提高了對團隊意識的重視程度，不但在員工內部提倡團隊精神，在徵才過程中，也將求職者的團隊意識列為一個考察的因素，求職者應多加注意。

團隊中「我們」比「我」更重要

求職過程中，多說「我們」少說「我」，這已經成為職場中的一條潛規則。因為，簡簡單單的「我們」可以體現出一個人的團隊意識。企業在選擇人才時，往往比較喜歡錄用具有團隊精神的員工。

一家公司發展速度的快與慢，在一定程度上取決於該公司主管與員工是否具備團隊意識。目前許多企業領導者都清楚地意識到「眾志成城」的道理，所以在對外徵才時，會考驗應聘者團隊意識的強弱。倘若求職者能將團隊意識表現出來，成功就業的機率就會相對提高。

一家公司想在一百多人當中選擇兩位最優秀的人才，經過千挑萬選，選出了三位。由於公司招聘的人數有限，負責徵才的高階主管決定讓這三個人進行最後的角逐。

招聘負責人給三位求職者出了一道題：假如讓你們一起去森林探險，返回途中車子拋錨了。這時，車內只有四樣東西可供你們選擇，這些東西分別是：刀、帳篷、水、繩子。但帳篷只能容下兩個人，水只有一瓶。請說出你們選擇的順序。

其中的一位男士說：「我選擇刀、帳篷、水、繩子。」

負責招聘的高階主管問：「你為什麼把刀放在第一位？」

這位男士說：「我不想害人，但防人之心還是要有的。帳篷只能睡兩個人，水也只有一瓶，萬一有人為了爭奪生機，想謀害我怎麼辦？我把刀拿在手，也好自我防衛啊。」

第二位應聘者是位女士，她說：「水、帳篷、繩子、刀這四樣東西是我們大家都需要的物品。」

這位女士的一句「我們大家」引起了招聘負責人的興趣，他微笑著說：「請說說妳的看法。」

女士解釋說：「水是生命之源，儘管只夠兩個人喝，但大家都謙讓一點，省著點用，是可以共同度過危機的。雖然帳篷只夠兩個人睡，但三個人可以輪流睡。當我們遇到不容易走的路時，可以用繩子把大家綁在一起，以防走失。刀更是路上必不可少的。」

第三位男士的回答與這位女士的答案大致相同。

結果，第一位男士被淘汰出局了。

有位心理專家曾經做過這樣一個試驗，他請三個人分別扮演專制型、放任型與民主型這三種不同類型的主管，統計結果顯示，採用民主方式管理下屬的主管最受人敬佩，而他帶領的團隊也最具有凝聚力。同時，還有一個顯著的特徵，就是團隊中的每個人都非常喜歡說「

我們」這個詞。

「我們」這個詞具有神奇的魅力，它不但能給聽話者帶來身臨其境的感覺，還可以體現出講話者的深明大義與寬廣的胸襟，使聽話者倍感尊重，而說話者也會有所收穫。

小孩通常喜歡說：「這是我的」、「我要……」、「你不許動我的東西」……等，對於小孩子說的話，人們可能不會在意，但如果這些話出自一位求職者之口，就很難令主考官滿意了。主考官會將這種人歸結在自私自利、唯我獨尊、團隊意識淡薄的行列當中，這對成功獲取職位造成了一定的障礙，究其原因是「我」字惹的禍。

頒獎大會上，人們經常可以聽到這樣的話：「之所以能獲獎並非我個人的功勞，同事們幫了我很大的忙，他們為了這個專案做出了巨大的貢獻，特別是我的主管，他們付出的努力更是不能忽視的，為我們發揮了良好的帶頭作用。所以，今天我所獲得的榮譽，應該屬於大家，我僅代表我的同事、主管謝謝大家的厚愛。」

其實，這些話或許是言不由衷的，但是，聽話者卻能感受到受獎者的團隊意識。求職者不妨引以為戒，在面試過程中，多說「我們」少說「我」，把團隊精神表現出來，這對成功獲取職位有很大幫助。

有些人的個性比較內斂，而這種個性往往決定他們的說話方式。過分以自我為中心的人，無論做什麼事情都喜歡表現自己，什麼事都搶著去做，總是喜歡把功勞歸在自己的頭上，卻將過錯推給別人，這樣的人很令人討厭，沒有人願意與這樣的人相處，除非是團隊中的頭號人物，否則，他將體會到被人孤立的滋味。所以，無論做什麼事，都應把集體觀念擺在心中首要位置，把「我們」掛在嘴上，尤其是在求職面試過程中，這一點尤為重要。

把對手當隊友

隨著求職競爭的日益激烈化，許多求職者開始採取一切手段來排擠競爭對手，這並不是一個好現象，也不是明智之舉。聰明的求職者會與對手公平競爭，欣賞、接納競爭對手，在競爭中學習、成長，取人之長補己之短。

在徵才者眼裡，求職者之間相互競爭是正常現象，倘若求職者能在競爭中互相學習，那將是一件令人開心的事。雖然，徵才者希望在眾多求職者的角逐中，選出出類拔萃的人才。但是，招聘者更希望看到的是，每位求職者都具備虛心學習、顧全大局的品行。既然有競爭，就避免不了損傷，勝利者高興地搶佔了上風，獲得了就業機會；而失敗者只能站在偏僻的角落裡，等待主考官的「發落」。

由此看來，職場中有時確實有些殘酷。其實，在競爭中取得勝利的人，未必就佔了上風，而失敗者未必沒有優勢。勝利者在競爭中，將個人能力充分發揮出來的同時，也有可能將一些不良品行展露出來；而在競爭中處於弱勢地位的人，雖然在能力上被勝利者比了下去，但是，企業招聘者可能會認為，這樣的人比較注重大局，具備把對手當隊友的良好品德，這樣的人能顧全大局。由此看來，勝利者未必真正地掌握了主動權，而失敗者未必沒有優勢，除非勝負已分，應聘職位已被他人奪得。

建國是某家公司的設計部經理，出於某種原因，他產生了跳槽的想法。一個偶然的機會，建國得知某家外資企業正在招聘部門經理。他試探地投了一份簡歷，不料，竟然接到了面試通知。面試前一天，他做了周詳的準備。由於準備充足，面試時順利地通過了第一輪測試，成了十位入圍者之一。

第二次測試定在三天後上午十點鐘，建國如約而至。主考官讓每位入圍者按要求設計一件作品並當眾展現，讓另外九人評分並寫出相關的評語。

建國上大學時，學的就是廣告設計專業，因此，這一測試對他來說根本不是多麼困難的事。不一會，他的作品已經擺了出來，其他九人也為他打了分。建國在為其他人的作品評分時，發現其中三人的作品非常令人佩服，以一名專業設計者的眼光來看，建國不得不讚賞這三個人的能力。此時，他有些猶豫了，雖然自己很佩服對方的能力，但他們畢竟是自己的競爭對手，如果分數打得過高，畢竟會影響自己的錄取機率，但是打得太低又違背了自己的意願。一番考慮後，建國堅定地給這三人打了高分，並忠實的寫下了讚語。

出人意料的是，他竟然入選了，更令他感到意外的是，他欣賞的那三人中只有一位入選，這一結果讓他匪夷所思。

該外企公司總裁的一番話，讓他明白了其中的原因。總裁說：「在座的每位都可算得上是該行業中的佼佼者，大家的專業水準都很高，這一點是可喜可賀的。但公司最為關注的並非你們的專業水準，而考驗的是入圍者在相互評價中，是否能彼此欣賞對方，把對手當隊友。因為，只有蠢才才會自以為是，對別人的長處視而不見，專門挑別人的短處大作文章，這樣做有些自私、狹隘，從嚴格意義上來講，這樣的人不能稱之為人才。不能否認，落選的幾位求職者的專業水準都非常強，但遺憾的是，他們不能欣賞對手，不能把對手當隊友，而這一點恰恰是他們人格上的一大弱點。我們公司不願意招聘這樣的員工，我們要的是可以互相學習，能夠取長補短的人。」

有些人可能會認為，這個事例與合作毫無關係，因為事例中根本沒提到合作問題。其實事例所要表達的意思並不侷限於此。大凡能用欣賞的態度對待、接納競爭對手的人，往往是心胸開闊、顧全大局的人，這種品行是值得讚揚的，也是每位求職者都應具備的。

有位哲人曾說過：「對手即是隊友，競爭的同時還要講求合作，這才便於取人之長，補己之短。」

尊重隊友的想法

招聘過程中，考官會採取許多方法，來測試應聘者的團隊意識。應聘者能否承受住這種考驗，就成了面試成功與否的關鍵因素。

求職過程中，有主見、有立場是一件令人讚嘆的事，但是，必要時還應顧及一下別人的想法。儘管對方的想法缺乏可行性，也不要一意孤行，固執己見，否則，就可能會破壞安定團結，影響工作效率。

文彬上大學時讀的是行銷專業，他非常喜歡行銷這個行業。畢業後，他一直為心中的目標努力著，希望能到一家大公司做銷售。經過艱苦的努力，他終於接到某家大型公司的面試通知。文彬經過一番精心準備後，按照公司要求的時間，到達了指定地點。

參加面試的總共有二十幾人，文彬胸有成竹地等待主考官的接見。不一會，文彬與另一名應聘者的名字被同時叫到，兩人恭恭敬敬地來到經理辦公室。經理示意他們坐下，並對他們說：「今天的考題是：你們兩人共同向一位客戶推銷一套三房一廳的房子，你們準備一下。」說完經理將他們帶到樣品屋，要求他們二十分鐘以後，開始向客戶推銷房子。在這段時間裡，文彬詳細地看了客戶的資料，對即將推銷的房子也有了一定的瞭解，心中已擬定了一套推銷方案。而另外一位應聘者也已做好了充分準備。

為了將房子順利地推銷出去，另外一位應聘者對文彬說：「我們交換一下推銷方案吧，以免出現言語不一致的地方，影響了銷售結果。」

文彬微笑著回答：「我看沒有太大的必要，推銷過程無非就那幾個步驟，不會出現差錯的。」

其實，文彬是擔心自己精心設計的推銷方案被對方竊取，他非常有信心能圓滿完成推銷工作。殊不知，他的這一做法，為今天的面試失敗埋下了伏筆。

推銷過程中，由於兩人意見不一致，導致推銷失敗。這一過程完全被經理看在眼裡。測驗結束後，經理將兩人叫進辦公室，向另一位求職者伸出手說：「恭喜你通過了面試，明天請到公司詳談其他一些細節問題。」另一位求職者禮貌地伸出手，道謝後離開了經理辦公室。經理坐下後，對文彬說：「很可惜，你沒有被錄取，希望你能找到一份更好的工作。」

文彬不解地問：「為什麼會是這樣的結果？」經理回答說：「你犯了一個嚴重的錯誤——你不顧及別人的想法。我們希望招聘一些具有團隊意識的員工，這樣才能提高公司凝聚力，從而促進公司不斷向前發展，你不適合在我們公司工作。」文彬帶著失落的心情離開了該公司。

求職者能否顧及別人的想法，不僅能體現出團隊意識的強弱，還能將個人品質的好壞表現得淋漓盡致。自私自利的人，往往以自我為中心，忽略別人的想法，甚至把別人善意的提醒誤認為是另有所圖，這樣的人缺乏團隊觀念。不但在面試過程中會吃虧，即使是在工作中，也可能會遭到同事的排擠。這種人很難得到他人的信任，即使找到一份工作，也不可能長時間做下去。

從企業角度而言，企業領導者希望員工為了更順利的完成工作而相互交流想法、意見，也希望員工為了提高公司效益，為企業領導者出謀劃策。這樣不但能提高企業內部的凝聚力，還可以提升企業的整體競爭力。

發揮團隊，幫人即是幫己

當今，企業招聘人才已不單單只考慮能力問題，求職者的人品也被列入了考察範圍之內。大凡能主動幫助別人的人，必定具備善良的品行，這樣的人識大體、顧大局，具備合作精神。

雖然說助人為樂是一項傳統美德，但是，隨著社會的發展，人們某些善良的本性已逐漸轉化為自私自利、以自我為中心了，這一點對找工作來說非常不利。

實際面試過程中，許多企業招聘者都會想方設法考察求職者的品行問題，把能否幫助他人作為考察人才的手段，求職者如果意識不到這一點，勢必會吃虧。

某家藥品公司在徵才博覽會上，初步招收了十五名銷售人員，為了在這十五名求職者中選出二名最合適的人，該公司在徵才博覽會場外，「租」了一輛小客車，打算載著這十五人到公司進行下一步面試。

意外的情況發生了，車子剛開到郊外，突然熄火拋錨了。求職者們擔心耽誤了面試時間，有的自行招計程車前往該藥品公司，有的乘公車離開了。唯獨張勇與宋國強留下來幫助司機推車、修車。不一會，車子的故障被排除了，司機載著兩人到達了公司。此時，其他人也紛紛趕到了。

這時，公司一位主管對十五名求職者說：「面試已經結束了，現在我宣佈錄用通知。」大家都非常不解，面試還沒開始，怎麼會結束呢？其中一位求職者打斷了這位主管的話，將心中的疑惑說了出來。該主管說：「載你們過來的那位司機，就是今天的主考官，他想知道你們是否具有主動幫助別人的好品行。」眾求職者頓時醒悟過來，原來車子壞了，只是主考官設下的一個「陷阱」。無疑，張勇與宋國強被主考官看中了，他們兩人順利地成為了公司的一員。

由張勇與宋國強的行為來看，他們積極主動地去幫助別人的精神正是可以吸引主考官的亮點，這為眾多求職者上了一堂具有教育意義的課。表面上看，兩人為了幫助司機修車耽誤了面試時間，也可能會錯過這次就業機會，而實際上，他們卻因此將助人為樂的美德表現了出來，而且將難能可貴的團隊精神也展現了出來，因此，獲得就業機會就是意料中的事了。

現今，團隊建設已經成為許多企業加強自身企業文化的一項重要內容。一個優秀的團隊是由多個優秀的個體組成的，團隊實力的強與弱，一方面，是由每位成員的能力決定；另一方面，是由成員間的相互合作決定。一個人如果能在團隊中表現出謙虛、忍讓、寬容、犧牲、助人為樂的精神，就說明這個人具備團隊合作的能力，可以擔當重要的責任。

取長補短，共同進步

工作中需要講求團結合作，取長補短，面試過程中，同樣不能缺少。有時候，求職者之間相互幫助、取長補短，更有利於發揮個人才能，將自己的優勢、合作能力、團隊精神表現得淋漓盡致。

許多人都聽說過一加一大於二的道理，這其中既包含了團結合作，又涵蓋了取長補短的重要意義。無論在任何領域裡，團結合作、取長補短都是促使成功的一條潛規則，值得每個人深思。

一家企業要招聘三名高階管理人員，招聘廣告登出以後，求職者紛紛投來簡歷，經過一輪篩選後，九名應聘者在一百多人中脫穎而出，為了在這九名候選者當中選出最優秀的三人，該公司總裁決定親自主持一場複試，讓九名候選者進行最後一次比拼。

面試時，總裁向九名應聘者出了一道題：他將這九人按照三人一組，分成了甲、乙、丙三個小組，讓甲組去調查本市嬰兒用品市場的供需情況；讓乙組去調查本市婦女用品的供需情況；讓丙組去調查本市老年人用品市場的供需情況。

接著總裁對他們說：「就公司招聘的崗位而言，需要求職者具備敏銳的洞察力，對產品市場有一個清晰的認知，之所以出這樣一個題目，就是想考察大家在這方面的能力。我希望每個小組都能竭盡全力完成任務，力求取得優秀的成績。為了避免大家盲目開展調查，我已經吩咐秘書為大家準備了一份相關資料。大家現在就可以領取資料，開始做市場調查去了。」

三天後，九名候選者紛紛來到公司，他們把各自調查的結果，以資料的形式上交到總裁手裡。總裁看過資料以後，走到乙組面前，分別與他們握手，並高興地說：「恭喜三位，你們通過了這次複試，被公司錄用了。」其他人不明究竟地看著總裁。隨後，總裁面帶微笑地對大家說：「今天能與大家相見我感到非常高興，你們大家都是非常優秀的。但是，本公司只招聘三人，所以，我希望沒有被錄用的人，能找到更適合自己的工作。」

其中一名沒有被錄用的求職者不明白自己錯在哪裡，他打斷了總裁的話，說：「您能告訴我們被淘汰的原因嗎？」

總裁和藹地說：「你們應該發現了，我給甲組的資料中，已經將本市嬰兒用品市場過去、現在和將來的產品供應情況，分析得非常透徹，其他兩組也類似。乙組的三人很聰明，他們互相借用了對方的資料，補充到個人分析報告當中，這使得他們的分析內容更加充實，更加完美。而其他兩組人，拋開隊友，自己做自己的，完全忽略了合作的重要性。其實，工作中，只有相互合作，才能取長補短，才能充實自我，才能充分展現團隊意識。這種精神是現代企業成功的保障！」

取長補短的合作方式，是現代企業的需要，目前已經不是單打獨鬥的時代了，今天的企業與以往相比更需要合作，只有合作才能相互發現彼此的優缺點，也唯有合作才能創造出高品質的產品和高效能的服務。

顧全大局，從整體著想

許多求職者都希望在有限的時間裡，向主考官傳遞更多的資訊，因此，便會抓住一切時間，滔滔不絕地對主考官講個沒完，儘管主考官有很重要的事情要處理，他也不會心甘情願地閉上嘴。殊不知，這種自我表現的方式暴露出個人缺乏全局觀念，使求職者喪失就業機會。

面試過程中，主考官給予的時間多少不是關鍵，重要的是，能否處理好個人利益與公司利益之間的關係，這決定著面試的成敗。

一家公司要招聘一名部門經理，招聘廣告刊登出去以後，公司人事部門口就被擠得水洩不通。在求職者當中，大部分人都具備很高的學歷、豐富的工作經驗，他們大多是衝著優厚的待遇而來的。求職者非常多，這就意味著會有一場激烈的競爭。當求職者一個個走進招聘辦公室時，一張醒目的告示吸引了求職者的注意，告示的內容是：「為了節省面試時間，求職者只有五分鐘的時間進行自我介紹，謝謝合作！」

大多數求職者為了在有限的時間裡，把更多的資訊傳遞給主考官，進門後便把握時間，滔滔不絕地向主考官介紹自己的學、經歷，即使考官辦公桌上的電話鈴聲響起，也不願輕易停止講話。直到主考官拿起電話，求職者才被迫尷尬地中止了話題。有些求職者認為，面試時間大部分被主考官佔去了，並懇求考官再寬限一些時間，給自己幾分鐘展現的機會，可是，他們的請求都被考官婉言拒絕了。

求職者們懷著不滿的情緒離開了招聘辦公室，不是抱怨考官的不仁與刻薄，就是抱怨運氣不佳。

下一個輪到阿強進去面試了，與其他求職者遇到的情況一樣，他剛說了幾句話，電話鈴聲就響了，主考官露出一副無奈的表情。阿強會意地笑了笑，停止了講話，他認為：面試屬於個人問題，與接電話相比，面試顯然是小事情。阿強拿起正在作響的電話，彬彬有禮地交給了主考官，安靜地等待主考官下　步的提問。可是，眼看五分鐘就快到了，主考官仍然繼續講電話，阿強心想：這次面試肯定又泡湯了。五分鐘過了，主考官依然在講電話，阿強看了看手錶，又看了看考官，然後站起身來，向主考官鞠了一躬，轉身離開了。

兩天後，阿強接到了該單位的錄取通知。他非常高興，但又不知其中的所以然。報到的那天，阿強懷著好奇的心理，向當天的主考官詢問被錄用的緣由。

主考官對他說：「還記得面試中的那通電話嗎？」

阿強恍然大悟，點點頭說：「當然記得，原來這是考驗我們的一種方式？」

考官神秘地點點頭，說：「正是。其實這是我故意安排的一場測試，目的是想考驗求職者是否具備深諳時務、寬宏大量、顧全大局的胸懷。這些素質對於我們招聘的人來說，都是非常重要的。其實，在面試過程中，求職者獲取的時間長短不重要，重要的是把個人修養展現出來，這就夠了。」

有時，人們喜歡把機遇與時間聯繫在一起，認為兩者是成正比的，獲得的時間愈長，能夠把握的機會就愈多。殊不知，這種認知太過片面。真正考驗人的不是時間長短，而是人們在有限的時間裡所表現出來的素養和態度，這才是獲取機會的關鍵。

由阿強的表現來看，在面試過程中，當主考官辦公室的電話鈴響起時，他首先想到的並不是自己，而是公司的整體利益，這一點也充分體現出他顧全大局的好品行，這是非常難能可貴的。

不管面試對求職者有多麼重要，但那畢竟屬於個人問題，與公司事務相比，就顯得微不足道，既然電話打到了主考官的辦公室，說明該電話與工作有關，倘若錯過了，很可能對公司造成很大損失，阿強首先想到的就是這一點，這種識大體、顧大局的好品行，讓他贏得了這次就業機會。

同甘苦，患難與共

求職應聘過程中，自私自利、各行其道是不被提倡的，必須具備同甘苦、共患難的團隊精神，這樣才能讓招聘人員留下一個良好的印象。

面試過程中，應聘者可能遇到許多「坎坷」，雖然，這些困難是企業主特意設下的，但求職者仍然要面對。此時，求職者要具備同甘苦、共患難的意識，幫助競爭對手或接受競爭對手的幫助，這樣才能順利地排除困難，走上坦途，獲得應聘職位。

一家企業要招聘一批員工，求職者紛紛投來簡歷，主考官看過求職者的個人簡歷後，通知了其中二十名求職者於次日上午九點到公司進行面試。求職者們如期而至。不料，接近中午時下起了傾盆大雨。主考官決定藉由這場雨，考驗一下這二十名求職者的團隊意識。於是，當場出了這樣一道題：應聘者須冒雨到某一指定地點，然後原路返回。但主考官只給十個人發了傘。

結果，出現了這樣三種現象：一部分發到傘的人，主動與沒發到傘的人共用一把傘；有的沒有發到傘的人，主動請求與發到傘的人共用一把傘；有的發到傘的人獨自撐傘，不顧別人的感受。

雖然獨自撐傘的應聘者比其他合用一把傘的求職者先返回原地，但是，他們卻被淘汰了。那些在測試中表現出同甘苦、共患難精神的求職者，都被該企業錄用了。

由這個事例可以看出，那些主動與沒傘的求職者合用一把傘的人，具有寬廣的胸懷，懂得互相幫助，能容納其他人，這種精神是難能可貴的；而那些沒有傘卻主動向有傘的人尋求幫助的求職者，具備較強的團隊意識，善於與人合作，這樣的人是每個企業都願接納的；而那些有傘卻不願與人合用的求職者，其行為中自然流露出自私自利的品性，這種人不但自私，或許還很孤僻，這種人在求職中不受企業主歡迎。因為，非但不能為企業注入新活力，他們那孤僻的個性，還可能影響到其他人，破壞公司內活躍、積極的工作氣氛，任何一個企業都不希望雇用這樣的員工。

打造一支凝聚力強旺的黃金隊伍，是現代企業的首要任務。任何一個企業，都希望員工上下團結一致，具備與企業同甘苦、共患難的意識，這是企業長久發展的原動力，也是阻擋外界競爭強而有力的後備力量。為了實現這一目的，企業領導者不但在管理中採取了各種措施，在招聘過程中也下了一番苦功。由此可見，團隊合作精神對企業的作用有多麼重大。

進入公司後，學歷就成為一張廢紙

職場不是否認學歷的真實價值，也不是對擁有學歷的人一竿子打死。職場是一個更加務實的地方，需要的是真才實學的本事，以及在此基礎上對工作的心態、認識和行動。只有靠自己的努力和本事，不僅能施展才能，還能不斷地累積沉澱，讓能力逐漸增長。

學歷在這個社會看似很重要，在人人都想得到更好的學歷的時候，也很容易進入一個死角，認為高學歷、好學歷就代表了一切。但是，也有越來越多的人，尤其是公司和企業，他們非常明白，學歷並不能夠代表全部。

當進入公司後，開始的工作是和在學校當中幾乎完全不同的。沒有老師的悉心指導，有的只是自己的學習和摸索。這個過程考驗的是人實打實的能力。此時，學歷已經猶如一張廢紙，早就被上司遺忘，而他主要看的絕對是你進入公司後的新的能力的展現。

堤義明，是個十分細心的企業管理者，他明白小小的人為錯誤，都可能成為拖垮大企業的禍源。他不用聰明人的第二個擔憂是，這一類人的欲望野心是常人的十倍甚至百倍。一旦掌握企業大權，很可能私心蓋過了良心，他開始為自己的權力欲望找出路，不止壓制了別人的工作，同時藉公事之便，達到私自的利益目標。

日本的集團企業，經常出現這種不健康症狀，能及時阻止，當然只是公司受傷，並不毀整體元氣。處理不得當，公司的正常業務受挫，甚至落到倒閉的下場。

堤義明敢開口講明他對聰明人沒有信心，這是他有勇氣的表現，其他企業管理者，也有不少人對聰明人不信任，卻不敢開口承認。

堤義明說出了一個事實，很多聰明人以為自己永遠聰明，便不再自我進修，成為落伍者還以為自己勝人一籌。這種聰明人的毛病，在企業界到處可見。

因此，堤義明寧可從凡人群中，啟用自量誠實又肯不斷努力充實自己的人出任上層職務。

堤義明的人才選用方法，曾經引起企業界的長期爭論。他說：「我在提升一名主管人員出任高級部門經理的時候，一定要見見他的太太。當我把一名高級經理擢升為公司董事時，除了他太太，我還要叫他把孩子帶來，我要跟他的妻子兒女談話，認識他的家庭狀況。我堅持這是必要的程式，試想，一個不能讓妻子兒女感到安心滿足的人，怎麼可能承擔企業的重大寄託，怎麼能夠讓無數的職員安心地追隨他？」

多少年來，堤義明根本不理會外界人士批評他這種做法是偏激和猜疑他人的行為。他始終採用這樣的手法，選用適當的人，出任西武集團企業的數以千計的重要職位。

透過這樣挑選出來的人，就被委任掌握西武集團的各個部門。多少年來，事業的經營依照計畫順利發展，堤義明守業十年，然後全面出擊十多年，已經把西武這個集團，擴大到成為日本三大集團企業之一的規模。不過還是有批評，說堤義明是個對別人帶有很深的懷疑態度的人，說他是個企業世界的暴君。

但是，跟隨他做事的人，個個忠於職守，而且表現了對公司的忠誠，獻出自己的才幹力量，使西武事業壯大成為健全穩定的巨型企業。這就足以證明，就企業的總體利益來看，堤義明選用人才的方法是沒有錯的。

今天的堤義明是荀子思想的實踐者，他要求一個出任重要職位的人具備實用的才學、謙虛的做人態度和高尚的品德。

「我並不是要天才人物為我做事，天才，是不會為職業盡責的，我要用的是有責任感的誠懇的人，他們會在自己的工作崗位上感到滿足，從職業中取得快樂，這樣的人，才是企業界最需要的才。」

堤義明沒有介意外來的批評，他每年都招聘數以千計的年輕人，進入他的集團做事，仍然採取一貫的平等政策，不管你是一流大學、二三流大學或高中程度，只要通過他特定測驗，就可以成為西武的一分子。

這種作風，使西武集團內部出現一個很特殊的現象，就是沒有會拿自己讀過什麼大學來炫耀，甚至誰也不提自己過去的學歷。至於誰的能力最好或是普通，就憑進入公司之後的工作表現決定。

當然學歷高，學歷好，一定程度上還是能說明接受教育水準高，或者相應的教育水準更好一點。但是，進入公司和職場，考驗的則是業務水準，人際關係能力，工作能力，實戰能力。只有把這些綜合能力做好了，才算是一個真正合格的職場人。如果不能適應新的環境，學習與以往不同的處事能力，還抱著學歷這塊敲門磚不放，自我陶醉，那麼等幡然醒悟的時候恐怕已晚矣。

所以，必須清醒地認識到，高學歷不代表高能力，低學歷不代表你知識少。我們的人生就像是一場賭博，職場更是一場賭博，你可以選擇你出的牌，從而決定自己的輸贏。在職場無望的等待天上掉餡餅不是明智之舉，你應該積極地佔據主動位置，學會「賭博」，學會扭轉局勢，因為贏才是硬道理。

高學歷最忌諱的是驕傲自滿，不思進取；低學歷切莫自卑消極，悲觀自輕。對於任何一者而言，最重要的就是放平心態，不卑不亢，完美自信地走出自己職場當中的第一步，多向前輩同事學習，多充實自己、提升自己。用自己的聰明提前準備好能保護自己的武器——知識和能力，並充分發揮才能，讓他們給自己打開一扇機會之門。

讓自己成為公司不可或缺的人

企業間的競爭，就是讓自己的產品替代別人的產品，企業不斷推陳出新，讓自己的產品更加超前，不被別的企業產品所替代。員工也是如此，停步不前，不能為公司帶來適應競爭的技術，那麼公司就同樣容易被替代掉。所以，更新換代是不變的時代旋律。職場中人也如此。只有不斷地學習「充電」，保證自己不可替代才是硬道理。

想要在公司中有一席之地，在職場中立於不敗，就要讓自己變成不可或缺的人才。不僅要及時掌握足夠的技能和本事可以保證自己的生存，還要變成緊俏的需要的職場達人，為自己在公司當中謀得受重視的機會。

森明從學校畢業後，進入一家公司實習。同來的有四個實習生，每天就是幹些打掃衛生、複印、裝訂、接電話之類的簡單工作。

這是家大公司，公司老總做事情比較人性化，雖然實習生可以不給薪酬，但是，他依然給這幾個實習生開了每月1200元的薪水，另外，恰逢中秋節，還給每個人500元的購物卡。領到卡以後，這幾個女孩子都興沖沖地去超市購物了，但是，森明卻不是很開心，她在想她的工作：包括自己在內的這幾個實習生都希望以後能留在這個公司工作，可是，她們幾個每天干那些沒有任何技術含量的雜活，那是學不到真本事的。於是，森明開始用心學習真本事。

公司的銷售人員口才都比較好，和客戶談話的技巧比較高，另外，銷售員一般都有個特點，都是大著嗓門打電話。平時在公司，森明人坐在電腦前，她的耳朵卻是在聽銷售高手是怎麼和客戶談判，他們的語氣和技巧，她都仔細地聽，認真地在心中揣摩。

為了分清楚公司各個產品的型號以及功能的區別，森明經常主動接觸公司的生產基地。放著輕鬆的寫字樓工作不幹，而去生產基地幹力氣活，其他幾個實習生覺得森明真是傻透了。

在生產基地，森明勤學好問，很快就弄懂了這些產品的基本原理。公司的研發部是和生產基地連在一起的，為的就是方便研發部的技術人員能夠及時指導工人生產。很多時候，研發部的技術人員對於返回的儀器進行修理的時候，森明都在一邊默默地看著。不明白的地方，森明就虛心地請教。研發部的技術人員大多都是年輕人，森明和他們很好地溝通，他們也樂意傳授維修技術。

一次，一家鋼鐵廠買的儀器，用了半年後不能正常運轉，於是就派專人送到公司進行免費維修，客戶住在賓館，一天幾個電話地催促公司趕緊修理，說他們鋼鐵廠還等著使用這台儀器呢。但是，技術人員都出差去了，售後服務部經理很是發愁。這個時候，森明主動請纓，要求試試看。

經理瞪大眼睛：「你會修理？」森明謙虛地說：「我也不敢擔保能修好，反正技術人員都出差了，咱就死馬當活馬醫吧，如果真醫治不好，等技術人員回來後，再由他們維修就是。」經理一聽，也是這個道理，於是放手讓森明「折騰」去了。

森明仔細檢查後，發現這台儀器和公司技術人員半月前維修的一台儀器的「症狀」是一樣的，於是，她就靠著記憶，在腦海中比著半個月前的「葫蘆」去畫現在手中的「瓢」，半個小時後，這台儀器居然被森明修理好了。售後服務部經理非常高興，立即通知客戶來領儀器，客戶來後，經理指著森明開玩笑說：「這個是我們公司的女工程師，就是她親自動手，把這儀器修理好的。」客戶非常佩服地說：「你們公司技術人員真厲害，女工程師這麼年輕，水準卻很高！說實話，這台儀器在我們廠，幾個老工程師一起會診，最後也沒有會診明白，只得送你們這兒維修了。」說完，客戶帶著儀器滿意地走了。

客戶走後，經理禁不住哈哈大笑，他對森明豎起了大拇指，森明心裡很是自豪。很快，森明這個「女工程師」逸事就在公司傳開了，老總聽了很高興，暗想：森明這個女孩真不錯，能吃苦，到公司後，口才也進步得很快，更重要的是知道學習新知識，是個可以塑造的人才。

三個月的實習期過完，幾個實習生紛紛寫申請，想留在公司工作。申請到了老總那裡，老總毫不猶豫地把其他幾個實習生的申請否決了，同時果斷地批准了森明的申請。

按照公司的規定，實習生留用後，還需要三個月的試用期，但是，老總直接指示公司人力資源部和森明簽定了正式的勞動合同，也就是說，森明不需要試用，直接被公司正式聘用了。被分到售後服務部工作。

森明對公司的各種產品的性能比較熟悉，口才又好，很有談話技巧，並且還有單人維修好一台儀器的水準，老總相信，森明接聽公司的售後服務熱線，肯定能很好地為客戶答疑解惑，肯定能出色地做好自己的本職工作。

坐在辦公室裡一直抱怨不公的人，永遠不會有計劃升到讓他豔羨的那一步。只有不可或缺的人才，才能站穩自己的位置，收穫更多的成長和回報。怨天尤人的人只會讓自己與他人的差別越來越大，讓自己的境地越來越糟糕。

《清明上河圖》只有一幅，所以成為國之瑰寶，價值連城。長城象徵著一個民族的脊樑，被億萬人敬仰，那是他的不可複製。因為獨一無二，因為價值不凡，所以不可或缺。也正因為不可或缺，所以它們成了永恆的存在。

法則 8

展現團隊精神，提高合作意識

典藏中國：

01	三國志--限量精裝版	秦漢唐	定價：199元
02	三十六計--限量精裝版	秦漢唐	定價：199元
03	資治通鑑的故事--限量精裝版	秦漢唐	定價：249元
04-1	史記的故事	秦漢唐	定價：250元
05	大話孫子兵法--中國第一智慧書	黃樸民	定價：249元
06	速讀二十四史--上下	汪高鑫李傳印	定價：720元
08	速讀資治通鑑	汪高鑫李傳印	定價：380元
09	速讀中國古代文學名著	汪龍麟主編	定價：450元
10	速讀世界文學名著	楊坤主編	定價：380元
11	易經的人生64個感悟	魯衛賓	定價：280元
12	心經心得	曾琦雲	定價：280元
13	淺讀《金剛經》	夏春芬	定價：210元
14	讀《三國演義》悟人生大智慧	王峰	定價：240元
15	生命的箴言《菜根譚》	秦漢唐	定價：168元
16	讀孔孟老莊悟人生智慧	張永生	定價：220元
17	厚黑學全集【壹】絕處逢生	李宗吾	定價：300元
18	厚黑學全集【貳】舌燦蓮花	李宗吾	定價：300元
19	論語的人生64個感悟	馮麗莎	定價：280元
20	老子的人生64個感悟	馮麗莎	定價：280元
21	讀墨學法家悟人生智慧	張永生	定價：220元
22	左傳的故事	秦漢唐	定價：240元
23	歷代經典絕句三百首	張曉清張笑吟	定價：260元
24	商用生活版《現代36計》	耿文國	定價：240元
25	禪話•禪音•禪心禪宗經典智慧故事全集	李偉楠	定價：280元
26	老子看破沒有說破的智慧	麥迪	定價：320元
27	莊子看破沒有說破的智慧	吳金衛	定價：320元
28	菜根譚看破沒有說破的智慧	吳金衛	定價：320元
29	孫子看破沒有說破的智慧	吳金衛	定價：320元
30	小沙彌說解《心經》	禾慧居士	定價：250元
31	每天讀點《道德經》	王福振	定價：320元
32	推背圖和燒餅歌裡的歷史	邢群麟	定價：360元
33	易經：現代生活的智慧	孫三寶	定價：280元

34	《傳習錄》白話本	姜波	定價：330元
35	《史記》故事導讀	姜波	定價：340元
36	《資治通鑑》故事導讀	姜波	定價：300元
37	厚黑學全集【參】厚黑心術	李宗吾	定價：300元
38	《碧巖錄》中的100大智慧	于水音	定價：280元
39	入骨相思知不知一醉倒在中國古代情詩裡	維小詞	定價：300元
40	厚黑學全集【肆】厚黑之道	李宗吾	定價：300元
41	一本書讀懂戰國史	秦漢唐	定價：420元
42	厚黑學全集【伍】厚黑妙法	李宗吾	定價：300元
43	讀諸子百家悟人生大智慧	秦漢唐	定價：320元
44	厚黑學全集【壹】絕處逢生--黃金增訂版	李宗吾	定價：320元

經典中的感悟

01	莊子的人生64個感悟	秦漢唐	定價：280元
02	孫子的人生64個感悟	秦漢唐	定價：280元
03	三國演義的人生64個感悟	秦漢唐	定價：280元
04	菜根譚的人生88個感悟	秦漢唐	定價：280元
05	心經的人生88個感悟	秦漢唐	定價：280元
06	易經的人生64個感悟	秦漢唐	定價：300元
07	道德經的人生64個感悟	秦漢唐	定價：300元
08	論語的人生64個感悟	秦漢唐	定價：300元

經典中的感悟

01	莊子的人生64個感悟	秦漢唐	定價：280元
02	孫子的人生64個感悟	秦漢唐	定價：280元
03	三國演義的人生64個感悟	秦漢唐	定價：280元
04	菜根譚的人生88個感悟	秦漢唐	定價：280元
05	心經的人生88個感悟	秦漢唐	定價：280元
06	易經的人生64個感悟	秦漢唐	定價：300元
07	道德經的人生64個感悟	秦漢唐	定價：300元
08	論語的人生64個感悟	秦漢唐	定價：300元

國家圖書館出版品預行編目資料

如何找份好工作 / 胡剛 著
-- 一版. -- 臺北市：廣達文化, 2016.09
面 ; 公分. -- （文經書海：89）
ISBN 978-957-713-582-7(平裝)
1.就業　2.職場成功法

542.77　　105015293

生活的本身就是一種美，一種美學
而不斷的學習是為了提昇自己
告訴自己如何能活的更美好

如何找份好工作

榮譽出版：文經閣

叢書別：文經書海 80

作者：胡剛 著
出版者：廣達文化事業有限公司
Quanta Association Cultural Enterprises Co. Ltd
發行所：臺北市信義區中坡南路 287 號 4 樓
電話：27283588　傳真：27264126　　E-mail：*siraviko@seed.net.tw*

印　刷：卡樂印刷排版公司　　　　裝　訂：秉成裝訂有限公司

代理行銷：創智文化有限公司
23674 新北市土城區忠承路 89 號 6 樓　電話：02-2268-3489　傳真：02-2269-6560

CVS 代理：美璟文化有限公司
電話：02-27239968　傳真：27239668

一版一刷：2016 年 9 月

定　價：250 元

本書如有倒裝、破損情形請於一週內退換

書山有路勤為徑
學海無涯苦作舟

書山有路勤為徑
學海無涯苦作舟